# 가고 싶은
# 주일학교를 만드는
# 40가지 이야기

# 가고 싶은
## 주일학교를 만드는
# 40가지 이야기

랜디 해머 지음 | 이소희 옮김

북허브

## 옮긴이의 글

예수님은 아이들을 진정으로 사랑하셨습니다. 사람들에게 아이들이 예수님께 다가가는 것을 금하지 말라고 하셨습니다. 그러므로 우리는 아이들을 예수님께 데려가야 합니다. 예수님은 문 밖에서 기다리십니다. 아이들에게 예수님의 말씀을 들려주어야 합니다.

성경 말씀이 꿀송이보다 더 달았다고 고백한 신앙 선배님이 많이 계셨기에 오늘날 우리가 이만큼의 신앙 생활을 은혜 가운데 하고 있다고 생각합니다. 정말 감사한 일입니다. 그렇기에 이 은혜와 감사함을 우리 아이들도 경험할 수 있도록 사랑의 초대를 해야 할 거룩한 책임감을 강하게 느낍니다.

하나님의 기업인 우리 아이들에게 성경 말씀을 전달할 수 있는 방법은 다양합니다. 그런데 성경 말씀을 전달할 때 기본적으로 가장 중요하게 고려해야 할 것이 아이들의 발달 특성이며, 이를 바탕으로 일상생활 속에서 놀이 방식으로 접근하는 것이 가장 효과적입니다.

저자는 이에 맞게 아이들이 쉽게 이해할 수 있도록 어린이 설교집을 썼습니다. 이 책은 성경 속 주제 40가지를 계절에 맞게 그리고 성경에 나오는 이야기의 시기에 맞춰 다양한 준비물과 함께 내용을 구성했습니다. 또한 아이들의 상상을 자극하면서도 아이들이 살아가는 주위 환경과 긍정적인 관계를 맺을 수 있도록 했습니다.

설교의 주제는 한 주일에 한 가지로 보통 7~8분 정도의 길이로 구성되어 있습니다. 그리고 주제에 맞게 사용되는 준비물은 주변에서 쉽게 구할 수 있는 막대기(토킹스틱talking stick으로 사용), 씨앗, 나뭇잎, 깃발, 도시락, 달력, 악기, 골프공 등입니다. 특별한 주제의 경우에는 목사님의 붉은 영대, 가면, 아기 예수 구유 세트, 시인의 사진, 점자책, 경찰관 배지 등도 이용하도록 했습니다.

특히 첫 주제를 토킹스틱으로 시작한 것은 매우 의미가 큽니다. 우리 아이들이 경청의 크리스천 리더십을 계발하도록 코칭할 수 있기 때문입니다.

이 책은 저자가 말했듯이 어린이 설교집으로 매우 유

용하게 사용할 수 있을 뿐 아니라, 다른 설교를 할 때 이 책에 제시된 방식을 응용하거나 새로운 도구를 창출해 낼 수도 있습니다. 또한 교회는 물론이고 유치원, 어린이 집, 초등학교 등에서도 역사나 인물의 교육에 응용하여 사용할 수 있으며, 집에서 부모님도 활용할 수 있습니다. 아이에게 의미 있는 모든 어른은 제사장 역할을 할 수 있고, 또 그렇게 해야 하는 것은 성경적이기 때문입니다.

저는 믿지 않는 가정에서 태어나고 자라났으나 하나님의 은혜로 4대째 믿는 가정으로 출가하여 예수님을 영접했습니다. 이보다 더한 축복이 있을까요? 그 아름다운 신앙의 가문에서 이제 저는 손자와 손녀를 둔 할머니가 되었습니다. 저로서는 너무나 역부족이었던 신앙 교육이었으나, 감사하게도 말씀 안에서 잘 자라나 신앙의 대물림을 하고 있는 모습을 보면 찬송이 절로 나옵니다. 이는 주위에 참 신앙 가족과 선배님들이 계셨기에 가능한 일이었습니다. 이 번역서로 빚진 마음을 조금이나마 갚을 수 있음에 더없이 감사합니다.

손자 전나엘, 손녀 박루디아와 그 친구들이 이 책을 통해 꿀송이보다 더한 사랑을 느끼며 지혜롭게 성장하기를 기도합니다.

이 책의 출간을 기꺼이 허락해 주신 북허브의 박찬후 사장님, 편집을 맡아 주신 김은정, 박민정 님께 감사드립니다. 그리고 마무리 번역과 정리를 성심껏 도와준 믿음직한 제자 김정미와 유서현에게도 감사의 말을 전합니다. 특히 아동복지와 유아교육을 복수 전공한 서현이는 말씀을 제시하고 추가 활동까지 넣어 한국적인 맥락에서 말씀의 의미를 풍성하게 해 주었습니다.

그리고 무엇보다도 '부모를 성경 위에 세우기' 위해 말씀과 기도, 아동과 부모에 관한 전문 지식으로 함께 힘 모아 나아가는 '한국의 부모를 말씀 위에' 모임의 제자들에게 감사의 말을 전하며 한없는 사랑으로 축복합니다. 우리는 하나님의 귀한 딸이고 예수님의 소중한 제자입니다.

2014년 6월 진안 배넘실마을에서
제자들과 함께 노아의 방주를 생각하면서
은혜의 MT를 마치고

옮긴이 이소희

# 머리말

어린아이나 어른을 막론하고 모든 사람들은 이야기를 좋아한다. 그래서 말하는 사람이 이야기를 시작하는 순간부터 듣는 사람들은 그 이야기에 따라 꿈을 꿀 수 있다. 꿈꾸고 싶기에 이야기를 듣는 사람들은 자세를 가다듬고 앉아서 귀를 기울인다. 미국에서 유명한 설교자이자 인기 있는 강사나 세미나 인도자는 성공적인 설교를 가리켜 '이미지로 포장된 이야기'[1]라고 표현한다.

주일 예배 시간에 전해지는 짧은 시간 동안의 이야기들은 '어린이 우화', '아이들의 시간', '어린이 설교' 등으로 다양하게 불리며, 감동적인 교훈으로 아이들이 더 성장하도록 이끈다. 나는 아이들의 마음으로 그들의 눈높이에 맞춰 어린이 설교를 준비하는데, 이 설교를 들은

---

1 _ 레오나드 스위트(Leonard Sweet, 대학교수)

어른들은 "어린이 설교에 나오는 우화를 통해 배우는 것
이 참 많아요."라고 흔히 말한다.

나는 설교를 효과적으로 하기 위해 자주 어린이 우화
를 준비하는데, 이는 시간이 걸리고 힘든 일 가운데 하나
다. 사실 어린이 설교를 이야기식으로 준비하는 것은 성
인용 설교를 준비하는 것보다 더 어렵게 느껴진다. 한 주
의 중반쯤 되면 나는 다가올 주일에 할 성인용 설교의 원
고는 거의 완성할 수 있는 반면에, 아이들에게 어떤 이야
기를 해 주어야 할지는 토요일까지도 고민하곤 한다.

아이들이 와서 예배를 드리는 5~10분 동안을 위해서
는 그 어느 때보다도 많이 생각하고 주의를 기울여야 한
다. 짧은 듯한 그 시간이 더욱 힘들게 느껴지는 것은 설
교를 통해 아이들이 성장하고 호기심을 가질 수 있도록
적극 도와주어야 하기 때문이다.

나는 얼마나 신중하게 단어를 선택해야 하는지, 즉흥
적으로 하는 이야기가 얼마나 위험할 수 있는지에 대해
끊임없이 되새긴다. 아이들은 내가 하는 이야기를 심각
하게 받아들이는 경향이 있으니 말이다.

한번은 크리스마스가 지난 그다음 주에 한 아이가 언

제 아기 예수 주변에 동방박사를 놓아야 하는지 물었다. 나는 평소와 같이 모든 아이들에게 대답했다.

"좋은 질문이야. 동방박사는 예수공현<sup>Epiphany</sup> 주일인 다음 주 주일에 오실 거란다."

그렇게 대답한 것은 우리가 숨겨 놓은 도자기 모형의 동방박사와 낙타를 꺼내어, 이전 몇 주 동안 다른 모든 등장인물과 함께 아기 예수 구유 세트 주변에 전시할 것이라는 의미였다. 아이는 내 말을 기억하고 있었다. 다음 주일에 예배가 끝난 후 실망한 아이는 부모님에게 이렇게 이야기했다.

"나는 진짜 동방박사가 오늘 우리 교회에 오시는 줄 알았어요. 그런데 내가 한 거라곤 노새를 구유 주변에 놓은 게 전부였어요."

우리는 무엇을 어떻게 말할지 매우 신중을 기해야 한다. 오랜 시간 고민하고 사려 깊게 준비하며 가장 적합한 단어를 현명하게 선택해야 한다.

이 책은 비록 얇지만, 뉴욕 올버니에 있는 제일기념교회와 그리스도연합교회 아이들의 도움과 나눔에 힘입어 많은 이야기와 교훈을 싣게 되었다. 나는 이미지화할 수 있는 이야기를 찾기 위해 노력해 왔다. 이 책은 9월부터 교회력과 달력 순서에 따라 구성되어 있다. 이야기와 교훈은 노동절, 새 학기의 시작, 세계성만찬 주일, 청지기 섬김 주간, 종교개혁 주일, 강림절, 크리스마스, 신년 주일, 예수공현 주일, 밸런타인 축일, 기독교 화합을 위한 기도 주간, 사순절, 종려 주일, 부활절, 봄, 전몰 장병 추모일, 오순절에 쓰이는 것들이다.

　독자들은 브러더 로렌스Brother Lawrence, 마르틴 루터Martin Luther, 필리스 휘틀리Phyllis Wheatley, 루이 브라유Louis Braille와 같은 역사적인 위인들을 통해 이야기와 교훈을 찾을 수 있다. 이 이야기와 교훈은 모든 인간이 만들어 낸 신성한 이미지에 대한 존경심을 갖게 한다. 위인들은 봉사를 격려하고, 삶을 긍정적으로 바라보고, 환대하고, 조화를 이루며 연합하고, 우리의 자원과 지구를 청지기처럼 지키고, 진실하게 믿으며, 최선을 다하고, 자기를 희생하고, 평화를 이루고, 복음을 전하고, 영적인 자기 성장을 북돋운다. 그리고 그들은 때때로 자연, 과학, 예술로부터 깨달을 수 있는 하나님의 귀한 사랑을 축하하며 교훈을 기록한다.

12　가고 싶은 주일학교를 만드는 40가지 이야기

나는 어린이 설교를 할 때 특별히 아이들에게 잘 맞는다고 생각되는『좋은 소식 번역Good New Translation』의 성경 구절을 사용하는 것을 좋아한다. 때때로 다른 버전도 좋아하는데 대개『새 개정 개역New Revised Standard Version』을 사용한다.[2] 각 성경은 각각의 이야기 안에 포함되어 있으며 어떤 버전을 추천하는지도 적어 놓았다.

이번 기회에 첫 번째 어린이 설교집인『모두가 나비: 어린이를 위한 40가지 설교Everyone a Butterfly: 40 Sermons for Children』의 초판을 출간할 수 있도록 허락해 주신 편집자 매리 베나드와 스키너하우스북스의 직원 분들에게도 고마움을 전하고 싶다.

독자 여러분과 아이들은 이 책의 내용을 통해 시간을 함께 보내는 것의 귀중한 의미를 찾을 수 있을 것이다.

랜디 해머Randy Hammer

2 _ 옮긴이는 현재 우리나라에서 가장 많이 사용하고 있는『개정 번역』버전을 참고하여 성경 구절을 번역했다.

# CONTENTS

들어가는 글

## 어린이를 위한 설교는 어떻게 준비할까

어린이 설교문은 어떻게 써야 할까? 우선, 제2의 천성을 좋게 형성하도록 해 줄 어린이 설교의 특징에 친숙해져야 한다. 나의 첫 번째 어린이 설교집인『모두가 나비: 어린이를 위한 40가지 설교』에서는 내 목회사역 프로젝트에 대한 구체적인 것들을 이야기했다. 은혜로운 어린이 설교는 다음과 같은 특징이 있다.

- 교만하게 잘난 척하지 않는다.
- 보편적인 사실과 아이들의 욕구를 고려한다.
- 상상력을 자극한다.

- 자기 이해를 증진시킬 수 있게 한다.
- 자신을 둘러싼 주변과 긍정적으로 관계를 맺을 수 있게 한다.
- 간단한 한 가지 주제에 집중한다.
- 모든 연령의 신도에게 영감을 준다.
- 아이들의 의견이 원래 주제에서 벗어나더라도 비웃지 않는다.
- 가능한 한 많은 감각을 자극한다.
- 보통 7~8분 정도의 길이로 준비한다.
- 되도록 읽지 말고 이야기해 준다.
- 그날의 주제와 성경 본문을 따른다.
- 포괄적인 언어를 사용한다.[3]

다음으로 아이들의 나이, 흥미, 성숙 정도를 고려하여 호기심을 자극할 수 있는 교훈이 담긴 메시지를 준비한다. 그리고 그날의 독특한 주제를 정한다. 주제는 그

---

3 _ 랜디 해머, 『모두가 나비: 어린이를 위한 40가지 설교』.

날의 교회력에 기초한 『개정 공동 성서정과Revised Common Lectionary 』4 또는 목사님이나 예배 리더의 재량권에 따라 결정할 수 있다.

다가오는 주일 예배의 주제가 '평화'라고 해 보자(이 책의 19장 참조). 자신의 경험과 읽은 것, 교인들의 예시 등을 활용하여 브레인스토밍을 시작한다. 아이들에게 적절한 메시지에 대해 생각할 때, 우리 교회 아이들은 6~12세 남자아이가 많아서 세상의 안전 지킴이인 경찰관이 떠올랐다. 경찰관의 가장 중요한 임무는 평화가 유지되도록 돕는 것이기 때문이다. 나는 우리 교회에 다니는 은퇴한 경찰관이 생각났고, 아이들이 흥미를 가질 만한 경찰관 배지를 빌리기로 했다.

마침내 나는 설교의 초안을 쓰기 시작했다. 단어를 크게 읽고 호기심을 유발할 만한 질문을 해 보았다.

"여러분, 이게 뭔지 알겠어요? (경찰관 배지를 보여 준다.) 경찰관을 만나 본 친구 있나요? 아니면 아는 사람

---

4 _ 교회력을 지키는 교회에서 교회력 절기에 따른 예복 색과 성서 말씀을 배치한 성서정과.

중에 경찰관이 있나요? 경찰관은 어떤 일을 하는 사람이죠?"

이번에 나는 밤새 귀가 찢어질 듯 음악을 크게 틀고, 소리를 지르고, 병을 깨부수고, 욕을 하며 싸우는 시끄러운 파티를 하는 사람들의 이야기를 만들어 내기로 했다. 이런 상황에서 이웃 사람들은 어떻게 할 수 있을까? 그들은 평화를 지켜 줄 수 있는 경찰관에게 신고를 할 것이다. 이 이야기를 통해 평화를 수호하는 경찰관이 우리 지역사회를 위해 멋진 일을 한다는 것을 강조할 수 있다.

그리고 평화를 위해 일하는 것은 우리 사회의 매우 중요한 주제라는 점에 주목할 것이다. 나아가 아이들에게 가정과 지역사회의 평화를 지키기 위해 무엇을 할 수 있을지 브레인스토밍 하자고 할 것이다. 아이들에게 생각할 시간을 준 뒤, 내가 사랑받고 싶은 대로 다른 사람을 사랑하기, 다른 사람을 용서하기, 내가 대접받고 싶은 대로 남을 대접하기, 관대하고 친절하기 등 우리의 일상생활에서 평화를 지키고 유지하는 방법을 함께 알아볼 것이다.

메시지를 깊이 새기도록 추가 활동을 해 볼 수도 있

다. 비둘기나 백합 같은 평화의 상징을 눈에 띄는 곳곳에 놓아두고, 그것을 볼 때마다 우리가 평화 지킴이로 부름 받았다는 것을 떠올리면서 일주일 동안 더 깊이 생각해 보도록 하는 것이다.

이처럼 올바른 어린이 설교를 준비하는 것은 쉽지 않은 일이다. 온라인 또는 목회자를 위한 참고 도서나 잡지에서 접하는 많은 어린이 설교는 깊이가 얕은 편이며 일반적으로 사용하기에 아쉬운 점이 있다. 그래서 나는 가급적 온라인에서 어린이를 위한 설교 자료를 찾지도 않고, 목회자를 위한 신문이나 잡지에 있는 이야기를 심히 각색하지도, 물론 그대로 사용하지도 않는 편이다. 나는 이야기하고 싶은 것들에 대한 생각의 씨앗을 심고 그것을 발전시키는 것을 더 좋아한다.

내 첫 번째 설교집에 대한 긍정적인 반응처럼 독자들이 이 책에 담긴 이야기를 활용하여 아이들에게 더 좋은 설교를 하기 바란다. 물론 자유롭게 각색해도 좋다. 나의 더 큰 소망은 이런 설교와 이야기가 아이들의 상상력을 자극하고 독자들이 자신의 의견을 덧붙여서 중요한 문학 장르의 발전에 기여하는 것이다.

# 다른 사람의 말을 온전히
# 경청하는 방법, 토킹스틱

**성경 말씀** 잠언 18:13 GNT, 야고보서 1:19 GNT

> 13 사연을 듣기 전에 대답하는 자는 미련하여 욕을 당하느니라
>
> 19 내 사랑하는 형제들아 너희가 알지니 사람마다 듣기는 속히
> 하고 말하기는 더디 하며 성내기도 더디 하라

**준비물** '오늘의 토킹스틱taking stick'으로 삼을 만한 장식용 막대

**설교 준비** 아이들이 모두 서로를 바라볼 수 있도록 원 모양으로 둘러
앉힌다. 인터넷에서 토킹스틱을 검색하여 세계의 토킹스틱 사
진을 보여 준다. 시간이 허락된다면 마지막에 아이들에게 막대
를 돌려 그 막대를 들고 있는 동안 마음속에 있는 이야기를 한
문장씩 말하게 한다.

---

여러분, 이런 것을 본 적이 있나요? 이게 뭔지 알아
요? 이건 '토킹스틱'이라는 거예요. 말하는 막대가 아니
라 말할 수 있게 하는 막대죠. 막대가 말을 하는 것이 아
니라, 이 막대를 들고 있는 동안 그 사람만 말할 수 있는

25

기회를 갖게 된다는 뜻이에요.

하와이에 사는 사람들이나 아메리카의 원주민은 여럿이 있을 때 둘러앉아서 토킹스틱을 돌리는 관습이 있어요. 그 토킹스틱은 사람의 다리 길이만 하고, 그쪽 사람들이 중요하게 생각하는 상징물과 작은 그림으로 장식되어 있어요.

회의에서 추장이 먼저 토킹스틱을 들고 이야기를 시작하면 참여한 모든 사람은 그 이야기를 들어요. 그러고 나서 추장은 토킹스틱을 오른쪽이나 왼쪽에 있는 사람에게 건네줘요. 그러면 토킹스틱을 넘겨받은 사람은 하고 싶은 이야기를 하고, 나머지 다른 사람들은 말하는 사람을 존중하면서 그 이야기를 온전히 듣지요. 이렇게 모든 사람이 돌아 가면서 자신의 이야기를 하는 거예요. 그렇기 때문에 누군가가 토킹스틱을 들고 있을 때 다른 사람들은 말을 할 수 없어요. 토킹스틱은 사람들이 자기 마음속에 있는 진실을 이야기하고, 다른 사람의 이야기를 존중하고 공감하면서 듣고 격려해 주는 역할을 하지요.

우리 각자는 모임 안에서 나눠야 할 정말로 진실된 이

야기를 가지고 있지만 아무도 전체의 진실을 다 알 수는 없어요. 그래서 내가 진실을 말하면 다른 사람이 그 이야기를 듣고, 여러분이 진실을 이야기하면 내가 듣도록 하는 거예요. 가족이 저녁 식사 하는 자리에서 모두가 한꺼번에 이야기하고 아무도 듣지 않는다면 어떻게 되겠어요?

그렇지만 다른 사람의 이야기를 듣기 위해 꼭 토킹스틱이 있을 필요는 없어요. 예수님께서는 이미 우리에게 항상 서로를 존중하고 다른 사람의 말을 주의 깊게 들으며, 내가 말한 것처럼 다른 사람도 똑같이 내 말을 들으라고 말씀하셨거든요. 성경의 몇몇 구절은 말하는 것보다 듣는 것이 더 중요하다고 전하고 있어요.

토킹스틱을 사용할 때 기억해야 할 중요한 세 가지 규칙이 있어요.

- 우리는 마음속에 있는 정직하고 믿을 수 있는 이야기를 해야만 합니다.
- 모두가 함께 이야기하는 기회를 가질 수 있도록 간단하게 말해야 합니다.

- 다른 사람이 무엇을 이야기하는지 이해하려면 조용히 주의 깊게 들어야 합니다.

 추가 활동

안전한 막대를 준비해서 아이들이 색을 칠해 자신만의 토킹스틱을 만드는 시간을 갖는다.

# 2 겸손한 봉사에서 기쁨 찾기

**성경 말씀** 고린도후서 5:14-15 GNT

> 14 그리스도의 사랑이 우리를 강권하시는도다 우리가 생각하건대 한 사람이 모든 사람을 대신하여 죽었은즉 모든 사람이 죽은 것이라
>
> 15 그가 모든 사람을 대신하여 죽으심은 살아 있는 자들로 하여금 다시는 그들 자신을 위하여 살지 않고 오직 그들을 대신하여 죽었다가 다시 살아나신 이를 위하여 살게 하려 함이라

**준비물** 그릇, 감자 깎는 칼, 감자

**적당한 설교 시기** 노동절 즈음이나 다른 사람을 위한 봉사에 대해 칭찬하고 싶을 때

---

여러분 중에서 감자의 껍질을 벗겨 본 친구 있나요? (이 말을 할 때 감자의 껍질을 벗겨서 그릇에 담는다.) 설거지하는 것을 좋아하는 친구 있나요? 오늘은 이 두 가지 모두를 정말로 즐겁게 하는 사람에 대해서 이야기해 줄

게요.

옛날 프랑스의 한 시골에 헌신적인 사제 브러더 로렌스Brother Lawrence가 살았어요. 사제가 뭐 하는 사람인지 이야기해 줄 수 있는 친구 있나요? 사제는 수도원에 살면서 기도하고, 성경을 읽고, 다른 사람들을 위해 봉사하는 사람을 말해요. 그들은 평생 교회 캠프 같은 곳에서 사는 거예요. 그런데 사제들도 음식을 먹어야 하니까 밭에서 채소를 키우고, 벌꿀을 모으고, 과일나무를 키웠어요. 어떤 사제들은 부엌에서 일을 했지요.

브러더 로렌스는 부엌일을 맡게 되어 감자 껍질을 벗기고 냄비나 프라이팬, 접시 등을 닦는 일을 했어요. 그는 처음에 부엌일을 싫어했어요. 하지만 하나님의 사랑을 모든 일에 실천하기로 마음먹었어요. 브러더 로렌스는 부엌에서 일하는 동안 하나님을 향한 사랑에 대해 생각했고, 자신이 하는 일이 수도원에 있는 다른 사제들을 위한 것이 아니라 하나님을 위한 것이라고 생각한 거예요. 그런데 자신의 일이 하나님을 향한 사랑의 표현이라는 것을 배우고 하나님께 기도하며 일하기 시작하자 브러더 로렌스는 일이 즐거워졌어요.

브러더 로렌스의 이야기에서 우리는 무엇을 배울 수 있을까요? 집에서 우리가 해야 하는 일은 무엇 무엇이 있지요? (대답할 시간을 준다.) 집에서 부엌일을 돕든, 방 청소를 하든, 애완동물을 돌보든, 쓰레기통을 비우든, 그것이 하나님을 향한 사랑과 다른 사람을 향한 사랑을 표현하는 일이라고 생각하면 더 쉽게 할 수 있을 거예요.

 추가 활동

① 아이들이 감자 도장을 만들 수 있도록 도와준다.

② 아이들이 우리 삶을 더욱 풍요롭게 하는 다양한 종류의 봉사 활동 목록을 만들 수 있도록 돕는다.

③ 감자가 어떻게 자라며, 전 세계적으로 얼마나 중요한 식량 공급원인지 아이들과 함께 알아본다.

# 3 나 자신이 기대하는 것을 다른 사람에게서 찾는 우리[5]

**성경 말씀** 누가복음 6:37-38 GNT

> 37 비판하지 말라 그리하면 너희가 비판을 받지 않을 것이요 정
> 죄하지 말라 그리하면 너희가 정죄를 받지 않을 것이요 용서
> 하라 그리하면 너희가 용서를 받을 것이요
> 38 주라 그리하면 너희에게 줄 것이니 곧 후히 되어 누르고 흔들
> 어 넘치도록 하여 너희에게 안겨 주리라 너희가 헤아리는 그
> 헤아림으로 너희도 헤아림을 도로 받을 것이니라

**준비물** 횡단보도 안전 도우미가 사용하는 깃발

**적당한 설교 시기** 초등학교에 입학할 때, 방학이 끝나 학교에 다시 가
야 한다는 것에 대해 걱정하는 학기 초

---

5 _ 작자 미상의 전래 이야기 '도시 출입구에서'를 개작한 마거릿 실프(Margaret Silf)
의 『세계의 지혜 이야기(Wisdom Stories from Around the World)』(Cleve-
land: Pilgrim Press, 2003).

학교 가는 길의 횡단보도에서 안전 도우미가 아이들이 길을 안전하게 건널 수 있도록 도와주고 있었어요. 신호등의 불빛이 바뀌기를 기다리면서 안전 도우미는 아이들에게 종종 질문을 던졌어요. 때로는 아이들이 안전 도우미에게 질문을 하기도 했고요.

새 학기가 시작되는 첫날, 어떤 학생이 안전 도우미에게 이렇게 물어봤어요.

"저는 이 학교에 전학 온 학생인데요, 이 학교에는 어떤 친구들이 있는지 이야기해 주실 수 있나요?"

안전 도우미는 웃으면서 말했어요.

"먼저 나도 네게 질문을 하나 할게. 넌 어디서 왔니?"

아이는 조금 놀라며 대답했어요.

"저는 스미스타운에 있는 마서 워싱턴 학교에서 왔어요."

"아, 스미스타운에 있는 마서 워싱턴 학교! 그 학교에는 어떤 친구들이 있었니?"

"아줌마는 마서 워싱턴 학교 아이들이 얼마나 끔찍한지 믿을 수 없을 거예요. 그 애들은 이기적이고 버릇없고 불친절하고 못됐어요."

"저런! 너에게 나쁜 소식을 전하게 되어 걱정스럽다. 너는 이 학교에서도 마서 워싱턴 학교의 친구들과 똑같은 친구들을 만나게 될 거야. 네가 이 학교에서 힘든 시간을 보내게 될 것 같아 안타깝구나."

안전 도우미의 말을 듣고 아이는 실망하여 시무룩한 얼굴로 등교했지요.

몇 분 후 다른 학생이 다가와 안전 도우미에게 말을 걸었어요.

"저는 이 학교에 전학 온 학생인데요, 이 학교에는 어떤 친구들이 있는지 이야기해 주실 수 있나요?"

안전 도우미는 웃으면서 말했어요.

"먼저 나도 네게 질문을 하나 할게. 넌 어디서 왔니?"

아이는 조금 놀라며 대답했어요.

"저는 스미스타운에 있는 마서 워싱턴 학교에서 왔어요."

"아, 스미스타운에 있는 마서 워싱턴 학교! 그 학교에는 어떤 친구들이 있었니?"

"마서 워싱턴 학교는 정말 멋져요! 아이들이 착하고 예의 바르고 친절하고 잘 도와줘요."

"그렇다면 나는 너에게 기쁜 소식을 전해야겠구나. 너

는 이 학교에서도 마서 워싱턴 학교의 친구들처럼 착하
고 예의 바르고 친절하고 잘 도와주는 친구들을 만날 수
있을 거야."

안전 도우미의 말을 듣고 아이는 미소를 지으며 학교
로 향했어요.

예수님은 다른 사람에 대한 우리의 태도가 바로 다른
사람이 우리를 대하는 태도가 된다고 가르쳐 주시지요.
다시 말하면, 우리는 살아가면서 베푼 만큼 돌려받는다
는 것입니다. 그래서 다른 사람이 나에게 예의 바르고
친절하길 바란다면 내가 그들을 예의 바르고 친절하게
대해야 합니다.

### 추가 활동

우리가 삶에서 기대하는 것들을 얼마나 자주 찾게 되는지 아이
들과 토론해 본다. 만약 다른 사람에 대해 나쁘다고 생각한다면
나쁜 사람을 만나게 될 것이다. 반대로 다른 사람에 대해 착하다
고 생각한다면 착한 사람을 만나게 될 것이다. 외모, 인종, 민족
과 같이 밖으로 드러나는 차이가 있지만 다른 사람들이 가진 장
점을 어떻게 볼 수 있는지도 토론해 본다.

# 가장 강한 힘,
# 그것은 사랑

**성경 말씀** 잠언 25:21 GNT, 마태복음 5:42-44 GNT

> 21 네 원수가 배고파 하거든 음식을 먹이고 목말라 하거든 물을
> 마시게 하라
>
> 42 네게 구하는 자에게 주며 네게 꾸고자 하는 자에게 거절하지
> 말라
>
> 43 또 네 이웃을 사랑하고 네 원수를 미워하라 하였다는 것을 너
> 희가 들었으나
>
> 44 나는 너희에게 이르노니 너희 원수를 사랑하며 너희를 박해
> 하는 자를 위하여 기도하라

**준비물** 아이들에게 인기 있는 도시락

**적당한 설교 시기** 초등학교에 입학할 때, 방학이 끝나 학교에 다시 가
야 한다는 것에 대해 걱정하는 학기 초

———————————————————————— ● ● ●

톰은 스쿨버스를 타려고 길모퉁이에서 기다리고 있었
어요. 톰은 스쿨버스를 타기가 싫었어요. 매일 아침 톰은

배가 아팠는데 선생님은 그걸 가리켜서 '스쿨버스 병'이라고 불렀지요. 톰은 정말 집에 있고 싶었어요.

배탈이 더 심해지게 된 이유 가운데 하나는 매일 아침 스쿨버스를 탔을 때 몸집이 아주 크고 친구들 괴롭히기를 좋아하는 크리스와 마주치는 것이었어요. 크리스는 톰보다 나이가 많은 4학년인 데다 몸집이 두 배 정도 더 컸어요. 스쿨버스에 탈 때마다 이미 앞자리가 꽉 차 있어서 톰은 어쩔 수 없이 크리스가 앉아 있는 뒷자리로 가야만 했지요. 톰이 크리스가 있는 자리로 다가가면 여지없이 크리스는 다리를 밖으로 내밀어 통로를 가로막았어요.

"오늘은 나를 위해 어떤 도시락을 싸 왔냐?"

크리스는 매일 아침 으르렁거렸어요. 만약 톰이 도시락을 열지 않거나 크리스가 도시락을 빼앗아 먹으려는 것을 막는다면 크리스의 주먹이 톰의 배에 날아올 것이 뻔했어요. 운전기사 아저씨는 운전을 하고 학생들을 태우는 데 신경 쓰느라 뒷자리에서 무슨 일이 벌어지는지 알 수 없었지요.

그날도 역시 크리스는 다리를 내밀어 통로를 막고 톰

에게 손을 내밀었어요. 톰은 어김없이 도시락을 건네주었고요. 크리스는 톰의 엄마가 싸 준 작은 케이크의 포장을 벗겨 내고 게 눈 감추듯 먹어 치웠어요. 그러고는 음흉한 미소를 지으며 도시락통으로 톰의 배를 떠밀고 길을 터 주었어요.

그날 오후 학교를 마치고 집에 돌아온 톰은 몹시 화가 나 있었어요. 마침내 톰은 울음을 터뜨리고 말았지요. 엄마가 무슨 일이 있었냐고 묻자, 톰은 크리스가 매일 도시락을 빼앗아 먹고 도시락을 주지 않으면 배를 때린다는 것을 말했어요. 톰의 엄마는 눈물을 흘리며 톰을 안아 주었어요.

톰의 엄마는 잠시 그 상황에 대해 생각해 본 다음 말했어요.

"톰, 나는 크리스의 부모님을 아는데 두 분 다 한동안 일을 하지 못하셨어. 그래서 크리스네는 지금 형편이 좋지 않을 거야. 남을 괴롭히는 친구들이 실제로는 아주 나쁜 사람이 아닌 경우가 있단다. 어려운 상황이 그렇게 만들기도 하지. 엄마가 이 문제에 대해 생각해 볼 테니 내일 아침에 다시 얘기하자꾸나."

엄마의 말씀에 톰은 기분이 나아져서 잠이 들었어요. 그러나 아침에 일어났을 때 다시 배가 아파 왔어요. 톰은 스쿨버스를 타고 싶지 않았지요. 그런데 오늘은 식탁 위에 도시락이 두 개 놓여 있는 것을 발견했어요.

"엄마, 도시락이 왜 두 개예요?"

"톰, 엄마가 크리스 문제를 생각해 보고 기도했는데 예수님 말씀이 떠올랐단다. '누군가 너에게 어떤 것을 달라고 하면 그것을 그에게 주어라. 누군가 어떤 것을 빌리고 싶어 한다면 그것을 그에게 빌려 주어라. 너를 괴롭히는 사람을 사랑하라. 그리고 그들을 위해 기도하라.' 크리스를 미워하는 대신에 크리스를 사랑하기 위해 노력해 보자. 그리고 무슨 일이 일어나는지 보자."

톰은 엄마의 말을 믿을 수 없었지만 시도해 보기로 했어요. 밑져야 본전이니까요.

그날 아침 스쿨버스에 탔을 때 크리스는 언제나처럼 톰을 기다리고 있었어요. 톰은 두려워하지 않고 평소보다 빠른 걸음걸이로 크리스에게 다가갔어요. 그리고 크리스가 다리를 내밀고 톰의 도시락에 손을 대기도 전에 크리스에게 도시락을 주었지요.

"크리스, 우리 엄마와 나는 너에게 이걸 주고 싶어."

그러자 크리스는 이상하다는 듯한 표정을 지으며 당황스러워했지만 목소리가 부드러워졌어요.

"그래, 고마워, 톰."

크리스는 이렇게밖에 말할 수 없었어요. 그는 도시락을 받아들고 조심스레 뚜껑을 열어 보았어요. 그 안에는 샌드위치 두 개, 커다란 사과, 과자 봉지, 작은 케이크가 들어 있었지요. 크리스는 도시락 뚜껑을 닫고 말했어요.

"이 도시락 정말 멋지다. 점심때 먹어야겠어."

크리스는 도시락을 선물 받은 상황에 대해 생각하면서 자기 자리에 앉았어요. 톰도 자리에 앉으면서 그 일에 대해 생각했어요.

그날 오후, 집으로 돌아가는 스쿨버스 안에서 톰이 내릴 때가 되자 크리스는 다리를 통로로 내밀어 가로막았어요. 그리고 활짝 웃으며 빈 도시락통을 돌려주고는 다리를 치우고 이렇게 말했지요.

"너희 엄마한테 점심 도시락 아주 감사했다고 전해 드릴래? 정말 친절하시다. 그리고 내일 아침 내가 네 자리를 맡아 둘게. 우리 지금부터 친구 할래?"

추가 활동

아이들이 괴롭힘을 당한다고 느낀 상황에서 어떻게 행동했었는
지 함께 이야기해 본다.

# 5 환영하는 다람쥐

**성경 말씀** 마태복음 25:34-40 GNT

34 그때에 임금이 그 오른편에 있는 자들에게 이르시되 내 아버지께 복 받을 자들이여 나아와 창세로부터 너희를 위하여 예비된 나라를 상속받으라

35 내가 주릴 때에 너희가 먹을 것을 주었고 목마를 때에 마시게 하였고 나그네 되었을 때에 영접하였고

36 헐벗었을 때에 옷을 입혔고 병들었을 때에 돌보았고 옥에 갇혔을 때에 와서 보았느니라

37 이에 의인들이 대답하여 이르되 주여 우리가 어느 때에 주께서 주리신 것을 보고 음식을 대접하였으며 목마르신 것을 보고 마시게 하였나이까

38 어느 때에 나그네 되신 것을 보고 영접하였으며 헐벗으신 것을 보고 옷 입혔나이까

39 어느 때에 병드신 것이나 옥에 갇히신 것을 보고 가서 뵈었나이까 하리니

40 임금이 대답하여 이르시되 내가 진실로 너희에게 이르노니 너희가 여기 내 형제 중에 지극히 작은 자 하나에게 한 것이 곧 내게 한 것이니라 하시고

**준비물** 다람쥐가 모으는 다양한 견과류

**적당한 설교 시기** 다람쥐가 겨울을 나려고 바쁘게 준비하는 10월이나
　　11월

- - -

　다람쥐를 눈여겨본 적이 있나요? 나는 다람쥐를 자세
히 관찰해 본 적이 있어요. 겨울이 다가오기 전에 다람
쥐들은 무엇을 할까요? 오늘 나는 바쁜 다람쥐에 관한
이야기를 할 거예요.

　옛날에 바쁜 다람쥐가 있었어요. 그 다람쥐는 꼬리털
이 풍성해서 '풍성이'라고 불렸어요. 풍성이는 열심히 일
하는 다람쥐였어요. 겨울나기 준비를 해야 할 때가 다가
오자 풍성이는 숲에서 가장 크고 예쁘고 따뜻한 보금자
리를 만들었어요. 추운 겨울을 준비해야 할 때가 되었
는데도 다른 다람쥐들은 뛰어다니며 놀았지만 풍성이는
도토리, 밤 등을 모으기에 바빴어요.

　첫눈이 내리던 날, 풍성이는 먹이를 가득 모아 놓은
창고와 크고 따뜻한 집에 마음이 흐뭇했어요. 곧 친구들
이 풍성이의 집에 놀러 왔어요.

"우와, 굉장한 먹이 창고구나!"

풍성이의 집은 다람쥐들 사이에서 인기 있는 곳이 되었고, 먹을 것도 많아서 다람쥐 친구들이 많이 놀러 왔지요. 항상 다람쥐들로 북적거리고 웃음과 이야기꽃이 피어났어요.

그런데 풍성이는 다람쥐 친구들이 자기 집에 찾아오고 자기가 모아 놓은 먹이를 먹는 것에 대해 어떻게 생각했을까요? 풍성이는 전혀 화내거나 싫어하지 않았어요. 풍성이는 친구와의 우정을 소중하게 생각했기 때문이에요. 그래서 풍성이는 자기 집에 다람쥐 친구들이 더 많이 올수록 더 행복해졌지요.

풍성이가 가르쳐 주는 교훈은 무엇일까요? 우리는 주일학교가 더 커지고 새로운 친구들이 찾아오기를 바라지요. 그래서 풍성이처럼 이곳에 오는 모든 아이들을 환영해 주는 것이 중요해요. 먹을 것도 나눠 먹고요. 새로운 친구가 주일학교에 찾아오는 게 기쁜 일이라는 것을 알아야 해요.

예수님의 가르침 가운데 하나는 우리에게 찾아오는 새로운 사람을 환영해야 한다는 거예요. 새로운 사람을 환영한다는 것은 예수님을 환영하는 것과 같답니다.

 추가 활동

가능하다면 다람쥐의 보금자리를 보러 아이들과 현장 학습을 나
가 본다.

# 6 모두가 조화를 이룰 때 나는 아름다운 소리

**성경 말씀** 시편 133:1 GNT, 에베소서 5:19 NRSV

　　1 보라 형제가 연합하여 동거함이 어찌 그리 선하고 아름다운고
　　19 시와 찬송과 신령한 노래들로 서로 화답하며 너희의 마음으로
　　　　주께 노래하며 찬송하며

**준비물** 튜닝을 쉽게 할 수 있는 애팔래치아 덜시머 등 흥미를 끄는 악기

**적당한 설교 시기** 세계성찬일(10월 첫째 일요일) 음악가가 아이들 몰래
　　갑자기 참여하면 더욱 효과적이다.

● ● ●

　프레드, 지금 가지고 있는 게 뭐죠?

　"이건 덜시머라고 해요."

　아, 그렇군요. 특이하게 생겼네요. 덜시머에 대해 더
얘기해 볼래요?

　"음, 덜시머는 애팔래치아 산맥에서 200년 전에 만들
어진 악기예요. 아름다운 멜로디를 연주할 수 있는데 이

줄을 치면 돼요. (몇 개의 코드를 연주한다.) 그런데 튜닝 나사를 돌리면 어떻게 되는지 한번 보세요."(튜닝이 되지 않은 줄을 친다.)

잠시만요, 프레드. 별로 좋은 소리가 아니네요. 무슨 일이죠?

"모든 줄이 조화를 이룬 결과가 아름다운 음악이에요. 하지만 각각의 줄이 자기 멋대로 하기로 결심하면 어떤 일이 일어나는지 좀 전에 들었죠? 우리가 같은 음으로 노래할 때도 비슷한 일이 일어나요. 만약 우리 모두가 각자 원하는 음으로 노래한다면 어떨까요? 듣기 싫은 소리가 날 거예요."

무슨 말인지 알겠어요. 한 걸음 더 나아가 생각해 보면 우리 교회의 일치와 조화에 이것을 어떻게 적용하면 될지 알 수 있겠네요. 우리는 함께 일할 때 아름다운 것을 얻을 수 있어요. 반대로 모두 각자의 방법만 주장한다면, 음… 그럼 분명히 처참한 결과로 나타날 거예요.

절대 분리될 수 없는 세상에서 좋은 일을 많이 할 수 있기 때문에 세계성찬일 같은 날에 모든 기독교인과 교회가 조화롭게 함께 살아가야 한다는 것을 상기해 봐요.

형제자매가 조화롭게 함께 살고 함께 일하는 것은 정말 아름답지요.

프레드, 딜시머 수업 고마웠어요, 아이들이 자리에 돌아갈 때 코드를 더 연주해 주겠어요?

 추가 활동

음악가를 악기 수업에 계속 초대하고, 악기를 쓸 수 있는 민족음악이나 종교음악 같은 다양한 방법을 말해 준다. 함께하는 것의 중요성을 알 수 있는 예를 찾도록 아이들을 이끌어 준다.

# 7 하나님께 가장 먼저 드리기

**성경 말씀** 고린도전서 16:2 GNT

> 2 매주 첫날에 너희 각 사람이 수입에 따라 모아 두어서 내가 갈 때에 연보를 하지 않게 하라

**준비물** 모든 아이들에게 나눠 줄 1달러짜리 지폐가 충분히 들어 있는 지갑

**적당한 설교 시기** 대부분의 교회가 가을에 하는 연중 청지기 의식 캠페인을 강조하는 시기에 적합하다. 지폐를 나눠 주다가 마지막 한 명을 남겨 두고 지폐가 떨어져서 마지막 아이(더 많은 참가자가 필요할 때는 어른)는 동전을 받게 된다. 사전에 수업에 대해서 설명을 해 주고 마지막 사람을 먼저 고른 다음 그 사람을 줄의 맨 끝에 앉힐 수도 있다.

• • •

안녕하세요! 여러분은 어린이 우화의 날에 오길 잘했다고 생각하게 될 거예요. 내가 기분이 좋아져서 여러분에게 1달러 지폐를 나눠 줄 거거든요. (마지막에 받을 사람의 반대 방향 또는 당신이 끝내고 싶은 지점의 반대에 있는 아이부터 나눠 준다. 마지막 한 명을 제외하고 모든 아이들에게 1달러씩 나눠 준다.) 이런! 지폐가 다 떨어졌네요. 제인, 정말 미안해요. 하지만 작은 동전은 줄 수 있어요. 그래도 행복하지요? (동전을 받은 사람은 설명을 들은 대로 실망하거나 슬프거나 화가 나 있다.)

제인, 별로 행복해 보이지 않네요. 어떤 기분인지 말해 줄 수 있어요? (기분을 말할 시간을 준다.)

여러분, 하나님은 가장 마지막에 오시는 분이기 때문에 오늘 아침에는 제인이 하나님이라고 가정해 봅시다. 우리는 먹을 것을 사고, 영화를 보고, 차나 자전거를 사고 난 다음에 남는 것이 있다면 아주 작은 부분을 하나님께 드려요. 이것을 하나님은 어떻게 느끼실까요?

자, 좋은 생각이 있어요. 여러분은 나를 믿지요? 모두 1달러를 나에게 돌려주세요. (지폐를 모은다. 싫다는 아이가 있으면 다시 돌려줄 것이라고 알려 준다. 모든 지폐를 다시 돌려받았으면 사전에 넣어둔 지폐 한 장과 합치고 하나님 역할을 하는 아이부터 지폐를 나눠 주기 시작한다.)

좋아요. 지금 하나님 역할을 하고 있는 제인부터 나눠

줄 거예요. 다른 누구보다 하나님께 가장 먼저 드리는 거지요. (다시 돈을 나눠 준다. 마지막에 있는 아이는 실망할지도 모른다. 그렇다면 그 아이에게 확신에 찬 미소를 보여 준다.)

자, 이것 보세요! 이번에는 모두가 1달러 지폐를 받았어요. 가장 먼저 하나님께 드리기로 약속한다면 우리가 드린 것을 잃는 게 아니라 우리가 원하는 바를 할 수 있을 만큼 충분히 있는 것과 마찬가지랍니다.

 추가 활동

아이들이 십일조와 봉헌을 해야만 하는 이유를 찾게 한다. 아이들이 용돈이나 직접 번 돈을 다른 퍼센트로 봉헌하는 것에 대해 토론해 본다.

# 8 지구를 돌보는 소작농

**성경 말씀** 시편 24:1 GNT, 고린도전서 4:2 NRSV

　　1 땅과 거기에 충만한 것과 세계와 그 가운데에 사는 자들은 다
　　여호와의 것이로다

　　2 그리고 맡은 자들에게 구할 것은 충성이니라

**준비물** 옥수수

**적당한 설교 시기** 가을 추수기

● ● ●

　소작농이 뭔지 아는 사람 있나요? 예전에 비하면 요
즘은 소작농이 많이 줄어들었어요.

　소작농은 지주의 부탁을 받고 땅을 경작한 후, 미리
약속한 대로 수확을 나누는 사람이지요. 지주가 땅과 씨
앗을 제공하면 소작농은 그것을 가지고 농사를 짓고 추
수철에 농작물을 거둬들여 지주와 소작농이 나눠 갖지
요. 오늘은 지주와 소작농에 관한 이야기를 들려줄게요.

옛날에 100에이커의 땅을 가진 지주가 살았어요. 지주는 그 땅에 옥수수를 심고 싶었어요. 어느 봄날, 지주는 마을에 가서 옥수수를 심어 줄 사람을 구했어요. 지주는 적극적인 일꾼을 찾게 되었고, 그를 데려가서 땅을 보여 주고 옥수수 씨앗을 주었어요. 그리고 옥수수를 잘 키워서 수확하면 반씩 나누기로 했지요. 지주는 소작농에게 자신과 자기 땅을 소중히 여기고 좋은 옥수수를 거둘 수 있도록 최선을 다해 달라고 부탁했어요.

그런데 그다음 날 소작농은 다른 마을에 가서 옥수수 씨앗의 절반을 팔아 돈을 챙기고 나머지 반만 땅에 심었어요. 옥수수가 자라 수확할 시기가 다가왔을 때 지주는 옥수수를 보고 의아해하며 물었어요.

"나머지 옥수수는 어디에 있는 거지? 이 옥수수의 배가 더 있어야 하는데."

"저도 모르겠어요. 저는 주신 옥수수 씨앗을 다 심었습니다."

소작농은 거짓말을 했어요. 지주는 몹시 슬펐고 무언가 잘못되었다고 느꼈어요.

다음 해 봄에도 지주는 똑같이 했어요. 마을에 가서

옥수수를 심어 줄 소작농을 찾았지요. 그렇게 구한 소작농에게도 자신과 자기 땅을 소중히 여기고 좋은 옥수수를 생산하기 위해 최선을 다해 달라고 부탁했고요.

소작농은 지주에게 받은 옥수수 씨앗을 모두 심고 정성껏 키웠어요. 하지만 추수 바로 직전에 소작농은 옥수수 밭에 미로를 만들고 싶어 하는 고등학생들에게 돈을 받고 밭을 빌려 주고 말았어요. 그 고등학생들은 옥수수의 절반을 짓밟아 버려서 수확량의 반밖에 남지 않았지요. 또다시 지주는 매우 슬펐고 무언가 잘못되었다고 생각했어요.

그다음 해 봄에도 지주는 마을에 가서 옥수수를 심어 줄 소작농을 구했어요. 지주가 소작농에게 바라는 것은 오직 자신과 자기 땅을 소중히 여기고 좋은 옥수수를 생산하기 위해 최선을 다하는 것이었지요.

다시 구한 소작농은 모든 씨앗을 심고, 잡초를 뽑고, 동물들로부터 밭을 지켰어요. 시간이 지나 시장에 내다 팔려고 옥수수를 거둬들였을 때, 옥수수의 양은 지난 2년간 수확했어야 할 양의 2배보다 더 많았어요. 지주는 매우 기뻤고, 마침내 믿을 만한 사람을 만났다는 것을 알게 되었어요. 그 이후로 지주와 소작농은 오랫동안 함께 일하며 행복하게 살았답니다.

자, 이 이야기는 우화입니다. 아주 오래전 하나님은 세상과 세상 안에 있는 모든 것을 창조하셨고, 남자와 여자, 소년과 소녀에게 그것을 사용하고 즐기라며 주셨어요. 하나님께서는 "여기 땅이 있다. 식량을 재배하고, 과일을 따고, 개울과 바다를 누려라. 내가 너에게 바라는 것은 나와 나의 땅을 존중하고, 네가 얻은 것 중에서 깨끗한 헌물을 내게 돌려주는 것뿐이다." 하고 말씀하셨지요.

하지만 남자와 여자, 소년과 소녀는 하나님이 주신 땅을 소중히 여기지 않았어요. 개울과 호수, 바다가 오염되고 지구는 더러워졌어요. 그리고 하나님께 받은 것 중에서 깨끗한 헌물을 바치는 것을 종종 잊어버렸고요. 하나님은 우화에 나온 지주처럼 절반을 바라시지 않아요. 사실 하나님은 10%만으로도 행복해하실 거예요.

자, 짐작했겠지만 지주는 하나님을, 소작농은 우리를 비유한 것입니다. 땅은 우리의 것이 아니라 잠시 하나님께 빌린 것이지요.

① 어떻게 옥수수 씨앗을 심는지, 그리고 새싹이 돋아나고 성장
하여 몇 배로 재생산되는 과정을 아이들과 알아본다.
② 지구를 더 건강하게 지키는 다양한 방법에 대해 아이들과 토
의한다.

# 평소의 일을 통해 하나님과의 관계 생각하기

**9**

**성경 말씀** 로마서(그리스어 신약성경) 8:28 GNT, 빌립보서 2:13 GNT

    28 우리가 알거니와 하나님을 사랑하는 자 곧 그의 뜻대로 부르심을 입은 자들에게는 모든 것이 합력하여 선을 이루느니라

    13 너희 안에서 행하시는 이는 하나님이시니 자기의 기쁘신 뜻을 위하여 너희에게 소원을 두고 행하게 하시나니

**준비물** 목사님이 어깨에 걸치는 붉은 영대

**적당한 설교 시기** 10월의 마지막 일요일 종교개혁일에 가장 적절하며, 찬송가 〈내 주는 강한 성이요〉를 부른 다음에 이야기해 준다.

여러분은 혹시 번개를 피해서 땅에 엎드려 본 적이 있나요? 아니면 땅바닥에 쓰러져 본 사람 있나요? 대부분의 사람들은 땅에 쓰러지거나 넘어져 봤을 거예요. 오늘은 땅에 쓰러졌지만 계속해서 세상을 바꿔 나간 사람에 대한 이야기를 할 거예요.

아주 오랜 옛날, 스물한 살의 젊은 대학생이 흙길을 걸어가고 있었어요. 그 젊은이의 이름은 마르틴이었답니다. 마르틴이 공부에 대해 깊이 생각하면서 걷고 있을 때 하늘에 먹구름이 끼더니 빗방울이 떨어지기 시작했어요. 그리고 갑자기 하늘에서 번개가 떨어져서 마르틴 가까이에 있는 나무에 내리꽂혔어요. 그 바람에 마르틴은 땅에 쓰러지고 말았지요. 겁에 질린 마르틴은 얼떨결에 하늘을 보며 이렇게 소리쳤어요.

"나는 수도사가 되겠습니다!"

수도사가 무엇을 하는 사람인지 아나요? 수도사는 특별한 장소에서 굉장히 많은 시간 동안 성경을 공부하고 기도하는 사람이에요.

어쨌든 마르틴은 정말로 수도사가 되었어요. 열심히 성경을 공부하고 기도를 해서 마르틴은 매우 훌륭한 수도사가 되었지요. 마르틴은 좋은 사람이 되려고 얼마나 노력하고 있는지 하나님께 보여 드리기 위해서 금식도 했어요. 그런데 이렇게 공부하고 기도하고 금식을 해도 마르틴은 만족할 수가 없었어요. 그는 한 번도 자신이 하나님을 위한 좋은 사람이라는 느낌을 받지 못했거든요.

그러던 어느 날, 마르틴은 성경을 공부하다가 '믿음'이라는 단어를 발견했어요. 그 단어는 마르틴을 새로운 사람으로 만들었어요. 마르틴은 지으심을 받은 사람인 우리가 절대 완벽할 수는 없을지라도 하나님은 여전히 우리를 사랑하시고, 하나님을 기쁘게 하는 것은 우리가 완벽하게 사는 것이 아니라 우리의 믿음과 충실함이라는 것을 알게 되었기 때문이에요.

여러분 중에 마르틴의 성이 무엇인지 아는 사람? 네, 바로 루터예요. 마르틴 루터<sup>Martin Luther</sup>는 프로테스탄트 개혁이 시작되도록 한 사람으로, 우리가 힘 있게 부르는 찬송가 〈내 주는 강한 성이요〉를 지었답니다. 이번 주일에 목사님들은 마르틴 루터와 그처럼 훌륭한 사람들을 기리기 위해 붉은색 영대를 걸치실 거예요.

이제 여러분에게 들려줄 마르틴 루터에 관한 이야기가 두 가지 남았어요. 첫 번째는, 우리가 살아갈 때 일어나는 어떤 일들은 하나님과 우리의 관계에 대해 생각해 보도록 이끌고, 하나님이 우리에게 무엇을 원하시는지 물어보게 만든다는 것입니다. 심지어 나쁜 일도 때로는 좋은 일로 바뀔 수 있어요.

그리고 두 번째는 마르틴 루터의 삶이 성경을 공부하는 동안 바뀌었다는 것입니다. 그게 바로 우리가 성경을 공부하는 이유지요. 성경 공부는 우리가 잘 이해할 수 있도록 해 주고 우리가 더 훌륭한 여자와 남자, 소년과 소녀가 될 수 있도록 도와줍니다.

여러분은 마르틴 루터가 우연히 경험한 것처럼 번개 때문에 단지 땅에 쓰러지고 싶지는 않을 거예요. 하지만 우리는 마르틴 루터를 통해 성경 공부와 하나님에 대한 믿음의 중요성을 배울 수 있습니다.

**추가 활동**

종교개혁일에 목사님이 왜 붉은 영대를 걸치는지, 그리고 붉은 영대가 왜 교회를 위해 삶을 바친 순교자와 개혁자들의 피를 나타내는지 설명해 준다.

## 10 거짓 가면 벗기

**성경 말씀** 마태복음 23:27-28 GNT

> 27 화 있을진저 외식하는 서기관들과 바리새인들이여 회칠한 무
> 덤 같으니 겉으로는 아름답게 보이나 그 안에는 죽은 사람의
> 뼈와 모든 더러운 것이 가득하도다
> 28 이와 같이 너희도 겉으로는 사람에게 옳게 보이되 안으로는
> 외식과 불법이 가득하도다

**준비물** 이야기에 등장하는 것처럼 두 가지 얼굴을 그린 두껍고 빳빳
한 종이 가면

**적당한 설교 시기** 핼러윈 직전 일요일

    사람들은 가끔 가면놀이를 하지요. 우리는 가면을 썼
을 때 어떻게 하나요? 내가 아니라 다른 사람이 된 것처
럼 행동하지요. 가면을 썼을 때 우리는 어떻게 가장할
수 있는지 생각해 보세요. (생각할 시간을 준다.)

    오늘 나는 가면 하나를 가지고 왔어요. (가면을 보여 준다.) 이 가면을 보고 무엇을 알 수 있나요? 얼굴이 둘로 나뉘어 서로 다르죠? 이 가면은 우리의 내면 모습과 겉으로 드러난 모습이 서로 다르다는 것을 나타내요. 또한 가면을 쓰는 것은 다른 사람인 척하는 것으로, 이것이 가면을 쓰는 이유 중 하나지요.

예를 들면, 여러분이 친구라고 생각해 왔는데 그 친구가 뒤에서 여러분의 험담을 하거나, 진짜 친구가 아니라는 것을 보여 주는 일을 겪은 적이 있나요? 그런 사람은 친구의 가면을 쓰고 있는 거예요. 하지만 그 사람의 내면에는 다른 무언가가 있어요.

이와 같이 겉으로는 하나님의 사람이나 예수님 제자의 가면을 쓰고 있지만, 실제 내면은 하나님의 사람이나 예수님의 제자가 아닌 아이나 어른이 있어요. 그런 사람들은 정말 하나님의 사람이나 예수님의 제자가 아니에요. 그들은 그냥 그런 척하는 것일 뿐이지요. 예수님은 우리가 실제로 속으로 그렇지 않으면서 겉으로만 그런 척하는 것을 경고했어요.

가면을 쓰면 재미있고 흥미롭긴 하지요. 그런데 나 자신이 아니라 다른 사람인 척하려고 가짜 얼굴을 쓰지 않는 것이 매우 중요해요. 우리 자신이 되고 싶은 것, 내면에 있는 우리의 실제 모습이 중요해요.

 추가 활동

두껍고 빳빳한 종이와 아크릴 물감을 준비하여 내면에 있는 사람의 가면을 그리게 한다.

# 11 무엇이든 최선을 다하기

**성경 말씀** 디모데전서 4:14 GNT, 디모데후서 1:5-7 GNT

 14 네 속에 있는 은사 곧 장로의 회에서 안수 받을 때에 예언을 통하여 받은 것을 가볍게 여기지 말며

 5 이는 네 속에 거짓이 없는 믿음이 있음을 생각함이라 이 믿음은 먼저 네 외조모 로이스와 네 어머니 유니게 속에 있더니 네 속에도 있는 줄을 확신하노라

 6 그러므로 내가 나의 안수함으로 네 속에 있는 하나님의 은사를 다시 불일 듯하게 하기 위하여 너로 생각하게 하노니

 7 하나님이 우리에게 주신 것은 두려워하는 마음이 아니요 오직 능력과 사랑과 절제하는 마음이니

**준비물** 골프채, 골프공

**적당한 설교 시기** 교회의 청지기 섬김 주간

 (골프공을 치는 자세를 취하면서 시작한다.) 안녕하세요! 여러분은 골프 선수를 TV나 신문에서 본 적이 있지요. 혹시 어른처럼 골프를 쳐 본 사람 있나요? 그럼 미니어

처 골프나 퍼트를 해 본 적 있는 사람은요? 미니어처 골프는 말하자면 나의 속도에 대한 거예요.

요즘 미국에서 가장 유명한 골프 선수는 누구죠? 어떤 사람은 타이거 우즈라고 하겠죠. 타이거 우즈가 왜 그렇게 특별하다고 생각하나요? 음… 타이거 우즈는 마스터스 토너먼트에서 아프리카계 미국인으로서 최초로 우승했고, 또 그 당시 21세로 최연소 선수였죠. 하지만 더 중요한 것은 그가 역사상 가장 높은 점수를 얻었다는 거예요.

그럼 타이거 우즈가 골프 우승자가 되는 데 무엇이 도움이 됐을까요? 내 생각엔 많은 노력이 있었기에 가능한 일이었다고 생각해요. 여러분도 알다시피 타이거 우즈는 세 살 때부터 골프를 시작했어요. 타이거 우즈가 최고의 골프 선수가 되기 위해 애쓴 시간은 그가 참고 겪어야만 했던 시간이지요.

여러분은 혹시 골프 선수가 되고 싶나요? 적어도 나는 타이거 우즈처럼 프로 골프 선수가 되지는 않을 거예요. 하지만 여러분과 나는 다른 것을 할 수 있는 재능을 가졌어요. 나는 그중 하나가 전도라는 것을 깨달았어요.

여러분은 자신의 재능이 무엇이라고 생각하나요?

성경에는 디모데⁶라는 청년의 이야기가 있어요. 디모데는 젊은 나이에 자신이 가진 목사 리더십이란 재능을 발견했어요. 어느 교회의 현명한 지도자가 디모데에게 편지를 보냈어요. 그 편지에는 디모데가 하나님께 받은 재능을 기억하고, 어리다는 이유로 재능을 사용하는 것을 부끄러워하지 말라고 쓰여 있었지요.

우리 교회는 여러분이 자라면서 계속 교육을 받는 동안 여러분이 가지고 있는 재능을 발견하도록 도와주는 것이 큰 기쁨이에요. 여러분이 이 세상에서 봉사할 수 있는 장소를 찾도록 도와주는 것이죠. 그리고 오늘 내가 말하고 싶은 것은, 우리가 받은 재능이 무엇이든 우리 각자는 하나님의 도움 안에서 우리가 쓰는 재능을 발전시키는 데 최선을 다하도록 부름을 받았다는 것입니다.

---

6 _ '하나님을 공경하는 자'라는 뜻으로, 바울의 제자가 되어 하나님의 일에 충성을 한 목회자. – 옮긴이

어떤 재능으로 잘 알려진 아이들을 잘 이끌어 준다. 그리고 중요한 역할을 하는 사람들이 그들의 재능과 역할을 훌륭히 성취하기 위해 어떻게 하는지 조사해 본다.

# 12 작은 나뭇잎의 큰 역할

**성경 말씀** 잠언 30:24-28 GNT

　　24 땅에 작고도 가장 지혜로운 것 넷이 있나니

　　25 곧 힘이 없는 종류로되 먹을 것을 여름에 준비하는 개미와

　　26 약한 종류로되 집을 바위 사이에 짓는 사반과

　　27 임금이 없으되 다 떼를 지어 나아가는 메뚜기와

　　28 손에 잡힐 만하여도 왕궁에 있는 도마뱀이니라

**준비물** 다양한 모양과 색깔의 나뭇잎

**적당한 설교 시기** 가을에 적합하지만 나뭇잎이 충분히 있다면 언제 어디서든 가능하다.

　　나뭇잎을 좋아하나요? 나는 나뭇잎을 참 좋아해요. 사람들은 대부분 가을에 나뭇잎을 쓸어야 할 때를 빼고는 나뭇잎을 좋아하죠.

　　나뭇잎을 잘 살펴보면 흥미로운 점이 있는데 나뭇잎이 모두 제각각 다르다는 거예요. 눈송이처럼 똑같이 생긴 나뭇잎이 하나도 없어요. 빨간색, 노란색, 초록색, 주황색 등 색깔이 제각각일 뿐 아니라 크기와 모양도 모두 달라요.

나뭇잎이 어디에 좋은지 생각해 본 적 있나요? 네, 또 여름에는 그늘을 만들어 주고 가을엔 예쁜 풍경을 선사하기도 하고, 이처럼 나뭇잎은 중요한 일을 많이 해요. 그리고 나뭇잎은 물과 햇빛, 이산화탄소를 이용해서 나무에 양분을 만들어 주는 일도 해요. 나뭇잎이 만들어 내는 양분이 없다면 나무는 자랄 수도 없고 살 수도 없어요. 거대한 오크나무나 단풍나무라도 양분을 주는 조그만 나뭇잎이 없다면 살 수 없지요.

여러분도 알다시피 교회는 나무와 같아요. 그리고 신자들은 나뭇잎과 같다고 할 수 있지요. 우리 모두는 교회가 건강하게 잘 자랄 수 있도록 도와주고 있어요. 우리의 노력이 작다고 느껴지더라도 시간이나 재능, 봉헌같이 우리가 교회에서 하는 일은 무엇이든 아주 중요해요. 아무리 작은 곤충이나 식물이라 할지라도 하나님의 창조 작업에는 매우 중요하지요. 우리의 작은 시간과 재능, 봉헌이 모이고 모여서 우리 교회가 커지는 거예요. 결국 나무와 같은 교회는 우리에게 일용할 양식과 쉴 곳, 기쁨을 줄 수 있답니다.

성경에서는 이렇게 중요하지만 작은 것들에 대해 이야기하고 있어요. 나뭇잎도 작지만 아주 중요한 것에 포함될 수 있지요. 나뭇잎을 올려다볼 때마다 나뭇잎이 그 나무가 살아가는 데 얼마나 중요한 역할을 하는지 생각해 보세요. 그리고 기억할 것은 우리 교회에서 여러분이 매우 중요한 역할을 한다는 사실입니다.

### 추가 활동

① 나무에 양분을 주는 것과 우리가 숨 쉴 수 있도록 산소를 만들어 내는 것 외에 나뭇잎이 하는 역할을 더 찾아본다.
② 아이들과 함께 나뭇잎을 코팅하여 책갈피나 접시 받침대, 추수감사절 카드를 만들어 본다.

# 13 하나님께 영광을 돌리는 방법

**성경 말씀** 마태복음 20:26b-28 GNT

> 26 너희 중에는 그렇지 않아야 하나니 너희 중에 누구든지 크고 자 하는 자는 너희를 섬기는 자가 되고
>
> 27 너희 중에 누구든지 으뜸이 되고자 하는 자는 너희의 종이 되어야 하리라
>
> 28 인자가 온 것은 섬김을 받으려 함이 아니라 도리어 섬기려 하고 자기 목숨을 많은 사람의 대속물로 주려 함이니라

**준비물** 구둣골(구두 수선집에서 빌린다), 작은 망치와 신발

**설교 준비** 비밀 가방이나 상자에 모든 준비물을 숨기고 제시된 순서 대로 준비물을 꺼낸다.

• • •

여러분은 집에서 이런 것(가방에서 구둣골을 꺼낸다.)을 아마 본 적이 없을 거예요. 이게 무엇인지 아는 사람? 그럼 이걸 보세요. (가방에서 신발 모양 몰드를 꺼낸다.) 자, 이제 무엇인지 알겠어요? 맞아요. 이건 구둣골이라고 하는데 신발을 고치는 사람들이 사용하지요.

1920년대 말부터 1930년대 초의 대공황과 제2차 세계대전 동안에 많은 사람들은 새 신발을 살 돈이 없었어요. 그리고 가죽 같은 재료가 전쟁에 쓰였기 때문에 신발을 구하기가 어려웠지요. 그래서 사람들은 신발을 고쳐서 신어야만 했어요. 굽이 떨어지거나 신발 밑창에 구멍이 나면 신발을 구둣골에 넣고 굽을 갈거나 밑창을 붙였어요. (구둣골에 신발을 끼우고 망치로 굽을 두드린다.)

하지만 신발을 고치는 데 일생을 바친 사람들이 있답니다. 신발을 고치는 사람들을 뭐라고 부를까요? 네, 구두 수선공이라고 하지요. 어떤 사람들은 신발을 고치는 것이 자신의 재능이고 삶의 의무라고 생각할 수도 있어요. 실제로 영국의 어느 교회 마당에는 "하나님의 영광을 위해 이 마을에서 40년간 신발을 고친 존 스미스가 여기에 잠들다"라고 새겨진 묘비도 있어요.

여기서 배울 수 있는 훌륭한 교훈은, 우리가 살면서 갖게 되는 직업이나 역할이 재능이고 소명이라고 생각한다면 충분히 다른 사람들을 도울 수 있고 하나님께 영광을 돌릴 수도 있다는 것입니다. 우리가 남에게 봉사

할 수 있는 재능을 사용한다면 예수님이 행하신 것같이 할 수도 있습니다. 이건 정말 좋은 일이지요. 가장 중요한 것은, 즐거움과 열정으로 우리가 맡은 일을 책임 있게 수행하고 하나님께 봉사하는 것같이 다른 사람을 위해 겸손하게 일해야 한다는 것입니다.

 추가 활동

오래된 신발과 굽을 박을 때 쓰는 못을 구하여 아이들이 구두 수선공에게 감사할 수 있도록 신발 굽에 못을 박아 보게 한다.

# 물 한 잔 나누는 것만으로도 하나님의 제자가 될 수 있다면

**성경 말씀**  마태복음 10:40, 42/25:35 GNT

　40 너희를 영접하는 자는 나를 영접하는 것이요 나를 영접하는
　　자는 나를 보내신 이를 영접하는 것이니라

　42 또 누구든지 제자의 이름으로 이 작은 자 중 하나에게 냉수
　　한 그릇이라도 주는 자는 내가 진실로 너희에게 이르노니 그
　　사람이 결단코 상을 잃지 아니하리라 하시니라

　35 내가 주릴 때에 너희가 먹을 것을 주었고 목마를 때에 마시게
　　하였고 나그네 되었을 때에 영접하였고

**준비물**  시원한 물과 작은 컵 여러 개

**적당한 설교 시기**  청지기의 섬김이나 선교에 관한 주제로 이야기를
　　할 때

몹시 목이 말라 본 적이 있나요? 심하게 갈증을 느꼈
을 때를 떠올려 보고 그 상태에 대해 어떤 이름을 붙여
볼래요? 죽을 것 같은 심한 갈증은 공포스럽기까지 하

지요. 무더운 여름 뙤약볕 아래에 있을 때 몸의 수분을 유지하기 위해 물을 충분히 섭취하는 것은 매우 중요해요. 수분을 보충하지 않고 몸에서 너무 많은 수분이 빠르게 빠져나가면 위험해질 수가 있거든요.

예수님이 살던 시절의 사람들은 다른 마을로 가려면 뜨거운 햇볕을 받으며 걸어서 여행을 해야만 했어요. 그렇게 여행하는 동안 얼마나 목이 말랐을지 상상이 되지요? 그래서 사람들은 목적지에 도착하자마자 시원한 물을 많이 마셨어요. 오늘날 뜨거운 햇볕이 내리쬐는 들판에서 농사를 짓는 농부들처럼 예수님이 살던 시대의 사람들도 몹시 목이 말랐던 거예요. 더운 곳에서 일을 하면 목이 마르는 것은 옛날이나 지금이나 마찬가지죠.

예수님께서는 목마른 사람에게 시원한 물 한 잔을 주는 것이 얼마나 중요한지를 알고 계셨어요. 그래서 이렇게 말씀하셨지요. "나를 따르는 자 중 한 사람에게 냉수 한 그릇이라도 주는 자는 반드시 그 보상을 받으리라." (마태복음 10:42) 그래요. 목마른 사람에게 시원한 물 한 잔을 주는 것은 예수님께서 우리에게 주신 것을 나누는 것과 같지요.(마태복음 25:35)

누군가가 여러분에게 "나는 너무 목이 말라요."라고 말한다면 그 사람에게 시원한 물 한 잔을 주고 섬길 수 있다는 것은 굉장한 축복의 기회인 거예요. 우리가 그 사람에게 매우 중요한 것을 주는 것은 마치 예수님께서 우리를 위해 베푸시듯이 우리에게 주신 것을 베푸는 일과 같거든요.

 추가 활동

아이들이 다양한 선교의 기회와 개발도상국 사람들이 깨끗한 물을 마실 수 있도록 도와주는 세계교회봉사와 같은 기관에 친숙해질 수 있도록 도와준다. 아마도 아이들은 한 마을이 깨끗한 물을 마실 수 있도록 하는 기금 조성에 도움을 주고 싶어 할 것이다.

# 15 강림절[7]은 우리의 마음과 삶을 준비하는 시간

**성경 말씀** 베드로전서 3:15 GNT

> 15 너희 마음에 그리스도를 주로 삼아 거룩하게 하고 너희 속에 있는 소망에 관한 이유를 묻는 자에게는 대답할 것을 항상 준비하되 온유와 두려움으로 하고

**준비물** 아기 예수 구유 세트

**적당한 설교 시기** 강림절 기간 중 첫 번째 주일에 적절하다. 강림절 기간 동안 예수의 탄생 무대를 놓을 수 있는 공간을 예배 공간이나 집에서 찾는다. 오두막과 양, 암소 정도의 몇 마리 동물만 진열한다. 그리고 목자는 적절한 때가 오기 전에는 보이지 않는 곳에 둔다. 그렇지 않으면 아이들이 산만해질 것이다. 매주 몇몇 캐릭터를 더 놓고, 아기 예수는 크리스마스이브나 크리스마스까지, 3인의 동방박사는 예수 공현절까지 보관한다. 예배 의식으로 정확하게 한다면 크리스마스 후 12일까지이고, 그렇지 않다면 그들도 크리스마스이브나 크리스마스에 전시한다.

●●●

---

7 _ 성탄일 전 4주 동안의 기간으로 예수님이 태어난 일을 기리는 축제 기간.
　 – 옮긴이

오늘은 예수님의 탄생을 축하하는 크리스마스 전 4주 간을 뜻하는 강림절의 첫 번째 주일이에요. 이때 교회와 가정에서 하는 일 중의 하나는 크리스마스에 오신 아기 예수님을 위한 마구간을 준비하는 것이지요. 그래서 강 림절 기간 4주일 동안 마구간 주변에 동물과 등장인물을 점점 더해 가며 전시하여 아기 예수님을 맞이할 거예요.

마구간을 준비하는 일은 우리가 더 크고 멋진 것을 준비할 필요가 있다는 것을 다시금 상기시켜 주는 진정 한 방법이겠지요. "그의 방을 위해 전심을 다해 준비하 라"는 크리스마스 찬송 가사와 같이 아기 예수님의 탄 생을 축하하기 위해 우리의 마음과 시간을 준비해야 한 다는 말이에요.

크리스마스를 위해 우리의 마음과 시간을 준비해야 하는 이유는 무엇일까요? (답을 할 시간을 준다.) 네, 좋은 대답이에요. 그럼 우리는 아기 예수님의 탄생을 축하하 기 위해 어떤 방법으로 우리의 마음과 일상생활을 통해 준비할 수 있을까요? (명상, 기도, 크리스마스 예배 참석하 기, 어려운 이웃 돕기 등의 대답이 나올 수 있도록 생각할 시간 을 준다.) 멋져요!

이제 가장 나이가 어린 친구부터 마구간 주변에 여러 가지 동물을 놓으세요. (두세 아이가 마구간 앞에 소, 양, 목자를 놓을 수 있게 도와준다.) 특히 강림절 기간 동안 오늘 이야기한 방법으로 우리의 마음과 시간을 준비해야 한다는 것을 기억하세요.

 추가 활동

아이들이 불우한 이웃을 위해 기도하고 도와줌으로써 크리스마스에 임하는 마음을 준비할 수 있도록 이끌어 준다.

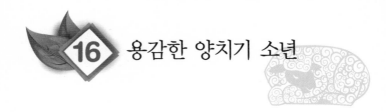

# 16 용감한 양치기 소년

**성경 말씀** 요한복음 10:11, 15:13 GNT

　　11 나는 선한 목자라 선한 목자는 양들을 위하여 목숨을 버리거
　　　니와

　　13 사람이 친구를 위하여 자기 목숨을 버리면 이보다 더 큰 사랑
　　　이 없나니

**준비물** 종교적인 조각상, 상징물, 또는 목자 그림

**적당한 설교 시기** 강림절이나 크리스마스가 다가올 즈음

　　목자가 어떤 일을 하는 사람인지 이야기해 줄 수 있는
친구 있나요? 그럼 들판에서 생활하는 목자들의 삶이
어떨지 생각해 본 적 있나요? 위험한 것이 많은 들판에
여러분이 있다면 전혀 두려워하지 않을 수 있겠어요?

　　아주 오랜 옛날 머나먼 곳에 양을 돌보며 들판에서 살
아가는 소년들이 있었어요. 양을 치는 소년들은 늘 그렇

듯 양이 몇 마리인지 세다가 한 마리가 없어진 것을 발견했어요.

"한 마리가 들판 어딘가를 헤매고 있을 거야."

양치는 소년 중 한 명이 말했어요.

"우리 중 누군가는 잃어버린 양을 찾으러 가야만 해."

다른 소년이 말했어요.

"누가 찾으러 간다지?"

"내가 갈게."

동정심 많은 어린 소년 제임스가 말했어요. 제임스는 지팡이를 들고 들판으로 갔지요.

밤이 되어 어두워지자 제임스는 조금 무서웠어요. 들판에 위험한 것이 숨어 있을지도 모르거든요. 뱀이 똬리를 틀고 있거나, 도둑이 지켜보고 있거나, 야생 동물이 먹잇감을 찾는 등 무슨 일이 벌어질지 알 수 없었지요.

제임스는 하염없이 걷다가 저 멀리서 잃어버린 양을 발견했어요. 그런데 무시무시한 사자가 양을 덮치려고 살금살금 다가가고 있었어요. 제임스는 울면서 소리쳤어요.

"안 돼! 양한테서 당장 떨어져!"

제임스는 지팡이를 휘두르며 달려갔어요. 사자는 갑

자기 나타난 제임스를 보고 입을 쩍 벌리며 포효했어요. 제임스는 양을 구하기 위해 자기 목숨이 위험해지는 것도 무릅썼지요.

제임스의 희생으로 양은 무리가 있는 곳으로 무사히 돌아올 수 있었어요. 하지만 돌아온 것은 양 혼자뿐이었어요. 양치기 소년들은 제임스에게 혹시나 나쁜 일이 생겼을까 봐 걱정이 되었어요. 그런데 양이 돌아오고 나서 3일 뒤에 상처 입고 몰골이 엉망인 제임스가 돌아왔어요. 다른 생명을 구하기 위해 진정한 용기를 보여 준 제임스가 사자와의 싸움에서 이긴 거예요. 양치기 소년들과 양들은 제임스가 살아 돌아온 것을 진심으로 기뻐했어요.

어떤 사람은 다른 사람들을 위해 자신의 목숨을 기꺼이 희생하기도 합니다. 우리는 그런 사람들을 영웅이라고 부르지요.

추가 활동

다른 사람들을 위해 자신을 희생한 인물에 대해 토론할 수 있도록 아이들을 코칭한다. 아이들이 양치기 소년과 선한 목자 되신 예수님 사이의 관련성을 발견할 수 있도록 도와준다.

# 17 깨어 있어서 잘하는 관찰

**성경 말씀** 누가복음 2 : 27–32 GNT

27 성령의 감동으로 성전에 들어가매 마침 부모가 율법의 관례대로 행하고자 하여 그 아기 예수를 데리고 오는지라

28 시므온이 아기를 안고 하나님을 찬송하여 이르되

29 주재여 이제는 말씀하신 대로 종을 평안히 놓아주시는도다

30 내 눈이 주의 구원을 보았사오니

31 이는 만민 앞에 예비하신 것이요

32 이방을 비추는 빛이요 주의 백성 이스라엘의 영광이니이다 하니

**준비물** 방이나 예배드리는 공간, 쉽게 알아챌 수 없지만 중요한 의미가 담긴 물건

**적당한 설교 시기** 강림절 기간 중 언제든 가능하다.

＊＊＊

여러분은 아마 'I Spy' 게임에 대해 들어 봤을 거예요. 'I Spy' 게임은 방 안에 있는 어떤 물건에 대해 술래가 "그건 초록색이야." 또는 "그건 둥근 모양이야."라고 이야기해 주면 다른 사람들이 그 물건이 무엇인지 알아맞히는 게임이지요. 오늘은 'I Spy' 게임을 해 볼까요? 좋아요, 내가 먼저 술래가 될게요.

그건 초록색이에요. (어떤 물건이든 색깔이나 모양에 대해 이야기하는 것이 가장 좋다. 아이들이 추측하여 알아맞힐 시간을 준다.) 잘했어요! 찾아냈군요.

다시 한 번 해 볼까요? 그건 둥근 모양이에요. (아이들이 추측하여 알아맞힐 시간을 준다.) 잘했어요!

시간이 있다면 모든 친구들이 한 번씩 술래가 되어 'I Spy' 게임을 하면 좋을 텐데 시간이 많지 않으니 요점을 정리해서 얘기해 줄게요. 우리는 'I Spy' 게임을 통해 무엇을 배울 수 있을까요? 맞아요. 깨어 있고, 주의 깊게 관찰하고, 주의해서 보지 않으면 볼 수 없는 주변의 것들을 잘 보기 위해서는 눈을 크게 떠야 한다는 것을 가르쳐 주지요.

깨닫고, 관찰하고, 강림절 기간이 지닌 의미를 보기 위해 마음을 여는 것, 이런 것이 강림절 기간이 우리에게 주는 교훈이에요. 강림절에는 하나님의 축복을 고대하고 우리가 신경 써서 보지 않으면 그냥 지나칠 수 있는 '하나님의 교훈'을 다시 한 번 생각해 보게 되지요.

성경은 아기 예수의 탄생을 지켜본 노인에 대한 이야기를 전합니다. 그는 주의 깊게 지켜보았기 때문에, 예수님의 부모님이 하나님의 예수를 성전으로 데려왔을 때 이분이 우리의 죄를 위해 희생당할 거룩한 어린 양이라는 것을 단번에 알 수 있었답니다. 그는 깨어 있으면서 관찰하여 마침내 그를 보았던 거예요.

크리스마스가 다가오면 우리는 크리스마스 장식을 하고, 선물을 사기 위해 쇼핑센터에 가고, 선물을 포장하고, 크리스마스 파티를 여는 등 정신없이 보내느라 이 기간의 진정한 의미에 대해 생각하는 것을 잊어버리기 쉬워요. 우리가 눈을 크게 뜨면 하나님이 우리에게 말씀하시고자 하는 강림절 기간의 영적인 교훈에 대해 잘 알 수 있답니다.

 추가 활동

강림절 기간과 일상에서 하나님께 이르는 길, 희생, 또는 영성이 어떻게 밝혀질 수 있는지에 대해 아이들과 함께 탐구해 본다.

# 18 선한 목자

**성경 말씀**  누가복음 2:8-12 GNT

> 8 그 지역에 목자들이 밤에 밖에서 자기 양 떼를 지키더니
>
> 9 주의 사자가 곁에 서고 주의 영광이 그들을 두루 비추매 크게 무서워하는지라
>
> 10 천사가 이르되 무서워하지 말라 보라 내가 온 백성에게 미칠 큰 기쁨의 좋은 소식을 너희에게 전하노라
>
> 11 오늘 다윗의 동네에 너희를 위하여 구주가 나셨으니 곧 그리스도 주시니라
>
> 12 너희가 가서 강보에 싸여 구유에 뉘어 있는 아기를 보리니 이것이 너희에게 표적이니라 하더니

**준비물**  목자에 관한 사진, 그림, 조각상

**적당한 설교 시기**  강림절 기간에 누가의 크리스마스 이야기를 들려줄 때나 시편 23편이 포함된 주일 예배에 유용하다.

• • •

'목자'라는 말을 들으면 어떤 생각이 떠오르나요? (다윗도 목자였고 예수님도 목자였다는 등의 답을 할 수 있는 시간을 준다.) 우리는 목자라고 하면 선한 목자를 떠올리게 돼요. 그렇죠?

하지만 모든 목자가 다 선한 건 아니에요. 아주 가끔 나쁜 목자도 있지요. 그렇다면 여러분이 생각하기에 나쁜 목자는 어떤 사람인가요? 맞아요. 나쁜 목자는 양들이 마음대로 돌아다니게 놔두고 양을 찾으려고 하지도 않아요. 또 양을 때리거나 제대로 돌보지 않지요. 그럼 다른 사람들이 양을 데려갈 수도 있고 들짐승이 양을 잡아먹을 수도 있어요. 이처럼 목자가 나쁘게 보이는 경우가 있기 때문에 좋은 목자라는 명성을 얻기란 참 힘든 일이었어요.

또한 목자는 세금을 걷는 세리와 같은 직업에 비해 천한 직업으로 여겨졌어요. 그래서 누가가 예수님의 탄생에 대해 이야기하는 대목은 흥미롭지요. 그는 아기 예수님이 태어난 마구간에 목자들이 찾아왔다고 이야기했어요. 오늘날에도 목자는 뛰어난 명성을 가진 직업이 아닐 수 있지만, 누가는 무슨 이유로 목자들이 예수님의 탄생 소식을 맨 먼저 듣고 찾아가 경배한 사람이라는 것을 다른 사람들에게 알려 줄까요?

누가는 하나님의 기쁜 소식인 예수님의 탄생이 모두를 위한 일임을 우리 모두가 확실히 알기를 바랐어요. 천하게 여겨지기도 하는 목자를 포함하여 예외 없이 모두를 위한 일이었거든요.

예수님께서는 스스로를 선한 목자라고 칭하셨어요. 선한 목자로서 예수님은 모두를 환영하시는 거예요. 그래서 우리가 누구든, 우리가 어떤 직업을 가졌든, 심지어 다른 사람이 우리를 어떻게 생각하는지에 상관없이 하나님은 우리를 사랑하시고, 우리가 예수님 가족의 일원이 되길 바라세요. 이것이 바로 우리 모두에게 전해진 좋은 소식이랍니다! Good News!

## 추가 활동

누가복음 2장과 마태복음 2장에 나온 두 가지 크리스마스 이야기를 함께 나누고 비교해 본다. 왕의 이야기를 담은 마태복음과 달리 누가는 왜 목자 이야기를 했는지 아이들과 함께 토론해 본다. (힌트 : 누가는 예수님을 낮고 천한 사람들의 친구로 묘사했고, 마태는 유대인의 왕으로 묘사했다.)

# 19 평화 지킴이

**성경 말씀** 마태복음 5:9 GNT, 로마서 14:19 GNT

> 9 화평하게 하는 자는 복이 있나니 그들이 하나님의 아들이라 일컬음을 받을 것임이요
> 19 그러므로 우리가 화평의 일과 서로 덕을 세우는 일을 힘쓰나니

**준비물** 경찰관 배지

**설교 준비** 성도 중에 경찰관이 있다면 설교를 도와줄 수 있을 것이다.

● ● ●

여러분, 이런 것을 본 적이 있나요? 이게 무엇인지 알겠어요? 맞아요, 이건 경찰관 배지예요. 여러분 중에 경찰관을 직접 만나 본 적이 있는 친구 있나요? 아니면 아는 분 중에 경찰관이 있는 친구는요? 경찰관은 어떤 일을 하죠? 경찰관의 임무 중 가장 중요한 일은 평화를 지키는 거예요. 그래서 경찰관은 '평화 공무원'이라고도 불리지요.

밤새 음악을 크게 틀고, 소리를 지르고, 물건을 부수고, 욕을 하면서 싸우는 난폭한 사람들이 옆집에 산다고 상상해 보세요. 이런 상황에서 이웃 사람들은 어떻게 하면 될까요? 평화를 지켜 주는 경찰관에게 신고하면 되겠지요. 우리 지역사회를 위해 멋진 일을 수행하는 경찰관이 없다면 우리 생활은 아주 고통스러울 거예요.

믿음의 사람으로서 우리는 어려움이 많은 이 세상에 평화를 가져오는 평화 지킴이로 부름 받았습니다. 우리는 해마다 이맘때쯤이면 우리가 되어야 하는 평화 지킴이의 좋은 예가 되어 주시는 평화의 왕을 생각합니다.

우리는 가정과 지역사회의 평화를 지키기 위해 무엇을 할 수 있을까요? 우리가 사랑받고 싶은 대로 다른 사람을 사랑하는 것, 다른 사람을 용서하는 것, 우리가 대접받고 싶은 대로 다른 사람을 대접하는 것, 예의 바르고 친절하며 배려하기 위해 노력하는 것 등은 우리의 삶을 평화로 이끌어 줍니다.

평화를 상징하는 것은 무엇이 있나요? 그래요. 비둘기나 백합은 우리가 평화 지킴이로 부름 받았다는 것을 떠올리게 하지요. 마찬가지로 경찰관을 볼 때도 평화를 위해 일하도록 부름 받았다는 것을 느낄 수 있어요. 그리고 우리는 예수님께서 하신 말씀을 항상 기억할 수 있어요.

"화평하게 하는 자는 복이 있나니 그들이 하나님의 아들이라 일컬음을 받을 것임이요."(마태복음 5:9)

### 추가 활동

① 경찰관이 지역사회나 세계의 평화를 지키기 위해 어떤 일을 하는지 아이들과 함께 조사해 본다.

② 눈에 띄는 곳곳에 백합을 놔두고 아이들이 그것을 볼 때마다 우리가 평화 지킴이로 부름 받았다는 것을 떠올릴 수 있도록 지도한다.

# 우리는 하루에 단 한 번만의 시간을 보내며 살고 있지

## 20

**성경 말씀** 마태복음 6:31–34 GNT

　31 그러므로 염려하여 이르기를 무엇을 먹을까 무엇을 마실까 무엇을 입을까 하지 말라

　32 이는 다 이방인들이 구하는 것이라 너희 하늘 아버지께서 이 모든 것이 너희에게 있어야 할 줄을 아시느니라

　33 그런즉 너희는 먼저 그의 나라와 그의 의를 구하라 그리하면 이 모든 것을 너희에게 더하시리라

　34 그러므로 내일 일을 위하여 염려하지 말라 내일 일은 내일이 염려할 것이요 한 날의 괴로움은 그날로 족하니라

**준비물** 자연 풍경이 담긴 달력

**적당한 설교 시기** 새해 첫 주

　새해가 시작될 때 나는 새 달력을 갖게 되는 것이 참 좋아요. 내가 가장 좋아하는 달력은 달마다 자연 풍경이 담긴 거예요. 이 달력에 있는 아름다운 폭포, 웅장한 산,

형형색색의 꽃, 지저귀는 새들을 볼 때마다 나는 마음이 안정되고 기분이 좋아지지요.

하지만 새 달력을 처음부터 끝까지 넘기면서 보면 많은 할 일이 나를 짓눌러서 어찌할 바를 모르겠어요. 365일 동안 일을 해야 하는구나! 모든 일을 해야 하고, 모든 문제를 해결해야 하고, 모든 곳에 가야 한다고 생각해 보세요. 머리가 터져 버릴 것 같지 않나요?

여러분, 이거 아세요? 우리가 해야 하는 일, 해결해야 하는 문제, 가야 하는 장소를 중심으로 다가오는 새해의 하루하루를 생각하면 우리는 참 힘들어요. 하지만 우리는 예수님께서 가르쳐 주신 것을 기억하고 있어요.

"그러므로 내일 일을 걱정하지 마라. 내일 일은 내일 걱정할 것이요 한 날의 괴로움은 그날의 것으로 충분하다."(마태복음 6:34 GNT)

다시 말해 우리는 매일매일을 살아가지요. 우리는 '오늘', '이날'을 사는 것과 우리가 할 수 있는 한 오늘을 사는 데에만 최선을 다하는 것이 중요해요. 내일이나 다음 주에 일어날 일에 대해 오늘 걱정을 많이 한다고 크게 달라지지 않아요. 그러므로 우리는 오늘을 살아가는 나를 인도해 주시고 도와주시며 필요한 것을 주십사 하나님께 기도드릴 수 있어요.

그러니 새해의 새 달력을 벽에 걸고 오늘 이후의 364일에 대해 너무 걱정하지 말아요. 우리는 그날이 올 때까지 아무것도 알 수가 없어요. 매달 달력의 사진에서 느껴지는 아름다움과 안정감에 집중하려고 노력해 보세요. 그리고 그 사진이 우리에게 주는, 네, 우리의 창조주 아버지께서 매일매일을 잘 살 수 있도록 우리를 도우신다는 메시지를 생각해 보세요.

 추가 활동

가능하다면 아이들에게 아름다운 자연 풍경이 담긴 달력을 각각 나눠 주고 오늘의 교훈에 대해 토론하게 한다.

# 21 노력을 필요로 하는 좋은 일

**성경 말씀** 마태복음 2:1-2 GNT

> 1 헤롯 왕 때에 예수께서 유대 베들레헴에서 나시매 동방으로부터 박사들이 예루살렘에 이르러 말하되
> 2 유대인의 왕으로 나신 이가 어디 계시냐 우리가 동방에서 그의 별을 보고 그에게 경배하러 왔노라 하니

**준비물** 동방박사에 관한 성화, 조각상, 혹은 다른 그림(긴장감을 유지하기 위해 이야기가 끝날 때까지 그림을 들고 있다.)

**적당한 설교 시기와 준비** 공현 대축일(동방박사들이 아기 예수를 만나러 베들레헴을 찾은 것을 기리는 날)이 가까운 주일에 가장 적합하다.

• • •

"저게 보이나?"

멜콰이어가 방 건너 있는 동료에게 소리쳤어요.

"뭐 말인가?"

발타자르가 의자에서 벌떡 일어나며 대답했어요.

"저기 하늘의 새로운 별 말일세. 바로 저기에."

멜콰이어가 소리치며 팔을 뻗어 가리켰어요.

"그래, 나도 보이네. 새로운 별이군."

카스파르가 기뻐하며 말했어요.

"그래, 이제 나도 보이네."

발타자르도 소리치며 기뻐했어요.

"저게 무엇을 의미하는지 아는가? 저건 새로운 왕이 태어났음을 나타내지."

멜콰이어가 그들에게 말했어요.

"새로운 왕이라니 정말 흥분되는군!"

카스파르가 말했어요.

"이보게들, 좋은 생각이 있네. 저 별이 이끄는 대로 따라가 보는 게 어떻겠나?"

멜콰이어가 제안했어요.

"하지만 우리를 어디로 이끌 줄 알고?"

발타자르가 의아해하며 물었지요.

"모르겠네. 하지만 뭐가 문제란 말인가? 어디로 이끌 든 매우 값진 여행이 될 걸세."

멜콰이어가 말했어요.

"아, 모르겠군. 길고 힘든 여행이 될 거야. 폭풍이나 강도, 야생 동물을 만날 수도 있어."

발타자르가 이의를 제기했어요.

"그래. 하지만 아름다운 도시와 궁전, 새로운 왕도 있을 거야. 그래, 새로운 왕 말일세!"

카스파르는 그 가능성에 흥분했어요.

"길을 잃거나 식량이 다 떨어지거나 낙타가 도망가 버리면 어쩌지?"

발타자르가 계속 이의를 제기하자 멜콰이어는 그의 두려움을 진정시키려고 애쓰면서 말했어요.

"발타자르, 저 별을 따라가고 저 별이 우리를 이끌 것이니 길을 잃지 않을 거야. 그리고 음식과 낙타를 많이 준비해서 가면 되지. 게다가 세상의 창조주가 우리를 보호해 주실 걸세."

카스파르가 거기에 동의하자 현명한 발타자르가 말했어요.

"자네도 알지 않나. 좋은 일에는 노력과 희생이 필요하다네. 그리고 끝까지 진리를 찾는 것이 매우 중요하지. 하나님이 우리에게 별로써 신호를 보내셨으니 우리는 그것을 따라가야만 해."

철저히 준비하고 계획한 다음에 멜콰이어, 카스파르, 발타자르는 진실을 찾는 기나긴 여행을 시작했어요. 그들은 하나님이 보내신 별 신호를 따라갔지요. 그리고 마침내 그들은 별이 안착한 곳에 도착하여 새로 태어난 왕을 만났어요. 그리하여 그들의 삶이 영원히 바뀌게 되었답니다.

 추가 활동

가능하다면 아이들을 데리고 천문관에 가서 하늘에 대해 공부해 본다.

# 22 문제를 무시하지 않기

**성경 말씀** 마태복음 18:15 GNT, 에베소서 4:15 GNT

15 네 형제가 죄를 범하거든 가서 너와 그 사람과만 상대하여 권
고하라 만일 들으면 네가 네 형제를 얻은 것이요

15 오직 사랑 안에서 참된 것을 하여 범사에 그에게까지 자랄지
라 그는 머리니 곧 그리스도라

**준비물** 코끼리 그림

**적당한 설교 시기** 교회 연합 주일이나 관련 있는 때

● ● ●

어느 날 자고 일어나서 거실에 가 보니 코끼리가 있다
면 어떻게 하겠어요? (대답할 시간을 준다.) 아마도 일단
뭐라고 말을 하겠죠. 예를 들면 "아빠 엄마, 거실에 코
끼리가 있어요!"라고 말이에요. 여러분은 코끼리를 못
본 척하지는 못할 거예요. 얼마나 웃기겠어요.

코끼리는 바로 문제가 있다는 것을 나타내요. 모든 사

람들이 알고 있지만 아무도 이야기하고 싶어 하지 않는 커다란 문제 말이에요. 모든 사람들은 문제를 무시하려 하고 문제가 없는 것처럼 행동하지요. 문제(코끼리)를 무시해서 그것이 스스로 사라져 버리길 바라는 것이죠. 하지만 문제는 대부분 사라지지 않아요. 자라나는 아기 코끼리처럼 점점 더 커지는 경우도 있고요.

그래서 예수님은 코끼리를 무시하지 말라고 제자들에게 가르치셨던 거예요. 예수님이 코끼리에 대해서 직접 말씀하시지는 않았지만 문제와 사람들이 서로 상처 주는 것에 대해서 이야기하셨죠. 그리고 예수님은 누군가가 우리를 화나게 하거나 감정을 상하게 할 때 그것을 무시하려고 해서는 안 된다고 말씀하셨어요.

가장 최선은 그 사람에게 "그 일(말)은 나를 화나게 하고 내 감정을 상하게 합니다."라고 솔직하지만 부드럽게 말하는 거예요. 긍휼의 마음으로 이렇게 해야만 깨진 관계를 다시 회복할 수 있답니다. 다른 사람에게 사랑스럽고 친절한 방식으로 "내 감정을 상하게 한 것이 있는데 이야기 나눌 수 있을까요?"라고 말함으로써 관계가 더욱 나아질 수 있어요.

어느 날 방에서 코끼리를 발견한다면, 즉 친구 또는 가족 간의 커다란 문제를 발견한다면 무시하지 마세요. 그 문제를 무시하려 하더라도 사라지지 않을 테니까요. 반대로 그 문제에 대해 사랑의 마음으로 이야기할 때 문제가 사라지게 할 방법을 찾을 수 있습니다.

 **추가 활동**

자전거를 훔치거나 생일 카드를 보내지 못한 것과 같은 가상의 상황을 역할극으로 해 본다.

# 23 달처럼 하나님의 빛을 비춰요

**성경 말씀** 요한복음 1:8–9 GNT, 마태복음 5:14 GNT

> 8 그는 이 빛이 아니요 이 빛에 대하여 증언하러 온 자라
>
> 9 참 빛 곧 세상에 와서 각 사람에게 비추는 빛이 있었나니
>
> 14 너희는 세상의 빛이라 산 위에 있는 동네가 숨겨지지 못할 것
>    이요

**준비물** 달과 비슷하게 생긴 돌, 작은 손전등, 거울

**적당한 설교 시기와 준비** 강림절이나 공현 대축일[8]과 같이 빛에 대해
서 이야기할 때 적합하다. 동지가 다가올 때도 좋다. 한 사람이
앞에서 거울이나 손전등을 들고 있고, 교회의 어떤 지점에 빛
을 반사하여 그 사람에게 초점을 맞춘다.

● ● ●

   하늘에서 가장 밝은 것은 뭐죠? 맞아요. 태양이죠. 태양
은 어떻게 빛을 발할까요? 그래요. 태양은 항상 타고 있는

---

8 _ 동방박사 세 사람이 아기 예수의 탄생을 경배하러 베들레헴을 찾은 것을
  기리는 축일. – 옮긴이

거대한 가스 덩어리예요. 우리가 요리하는 데 사용하는 가스레인지와 같은, 타고 있는 가스는 빛과 열을 내뿜어요.

자, 그럼 하늘에서 두 번째로 밝은 것은 뭐죠? 잘 맞혔어요. 달은 태양처럼 가스를 태워서 빛을 발할까요? 아니에요. 달은 태양과 완전히 달라요. 달은 대부분이 커다란 돌덩어리지요.

그렇다면 달은 어떻게 빛을 발할까요? 달은 단순히 태양이 내뿜는 빛을 반사할 뿐이에요. 손전등의 빛을 거울로 반사시키는 것과 같지요. (예시를 보여 준다.)

이런 과학적인 사실과 믿음은 무슨 상관이 있을까요? 아주 오래전에 요한이라는 사람이 하나님의 빛에 대해 설교를 했어요. 요한은 자기 자신이 빛 자체가 아니라 단지 진실한 빛의 반사물일 뿐이라고 말했지요. 그리스도인들이 이 세상의 빛이라고 믿는 분은 누구죠? 맞아요. 예수님이에요.

예수님이 자신을 따르는 사람들에게 "당신이 세상의 빛이다."라고 한 말씀이 이런 의미일 거예요. 달처럼, 요한처럼, 예수님이 나타내신 것처럼, 우리는 하나님의 사랑과 빛을 반사하기 위해 지으심을 받았답니다.

### 추가 활동

아이들에게 손전등을 들고서 '빛이 되기'와 거울을 들고서 '빛 반사하기'를 순서대로 시켜 본다. 그리고 우리 각자가 세상에 더 필요한 빛이 될 수 있는 다양한 법을 탐구해 본다.

# 24 시인이 될 수 있는 우리

**성경 말씀** 출애굽기 15:20-21 GNT, 시편 45:1 GNT

> 20 아론의 누이 선지자 미리암이 손에 소고를 잡으매 모든 여인
> 도 그를 따라 나오며 소고를 잡고 춤추니
> 21 미리암이 그들에게 화답하여 이르되 너희는 여호와를 찬송하
> 라 그는 높고 영화로우심이요 말과 그 탄 자를 바다에 던지셨
> 음이로다 하였더라
> 1 내 마음이 좋은 말로 왕을 위하여 지은 것을 말하리니 내 혀는
> 글 솜씨가 뛰어난 서기관의 붓끝과 같도다

**준비물** 시인 필리스 휘틀리[Phyllis Wheatley]의 사진(인터넷에서 구할 수 있음)

**적당한 설교 시기** 마틴 루터 킹 주니어의 날이 다가올 때

• • •

    시는 무엇인가요? 시는 단어의 모음이고, 세심하게
선택한 단어로 경험, 생각, 감정을 표현하지요. 가끔 시
의 단어들은 같은 말이 반복되는 각운을 이룹니다. "모
자[hat] 안의 고양이[cat]"처럼 말이에요. 그리고 단어들은

"해$^{year}$가 빠르게 오고$^{come}$ 가는구나$^{gone}$"처럼 리듬을 이루기도 하지요.

성경에는 오래된 시 가운데 미리암의 노래가 담겨 있어요. 하나님이 이스라엘 사람들을 노예와 구속에서 벗어나게 하신 후에 모세의 누이인 미리암이 쓴 시예요.

여러분은 시를 쓸 수 있나요? 나는 시를 쓸 수 있어요. 장담하건대 여러분도 시를 쓸 수 있어요. 내가 쓴 시의 몇 구절을 읽어 볼게요. (당신이 쓴 시의 몇 구절을 읽어 준다.) 지금 여기에 있는 여러분 모두가 생각하고 느끼고 경험한 것을 자유롭게 시로 쓸 수 있답니다.

하지만 누구나 시를 쓰지 못하던 시절도 있었어요. 인종이나 신분에 따라 읽거나 쓰지 못하도록 금지당했던 거예요.

시를 좋아하는 사람들에게 아프리카 태생의 미국 여류 시인인 필리스 휘틀리는 중요한 사람입니다. 필리스는 1753년 혹은 1754년에 아프리카에서 태어나 미국에 노예로 팔려 갔어요. 매사추세츠의 보스턴에 살았던 휘틀리 가족은 노예로 필리스를 사 와서 집으로 데려왔어요. 휘틀리 가족이 보스턴에 있는 올드사우스 캉그리게 이셔널 교회에 다녀서 필리스도 그 교회에 다니게 되었지요.

휘틀리 부부는 그 당시의 노예 주인들과 달랐어요. 대부분의 노예 주인들은 노예가 읽고 쓰지 못하게 했어요. 하지만 휘틀리 가족은 어린 필리스가 배우도록 격려하고 영어, 라틴어, 역사, 문학을 가르쳤지요. 쓰기를 좋아했던 필리스는 열한 살 때부터 시를 쓰기 시작해서 스무 살이 되었을 때 시집을 출판하게 되었어요. 그녀는 첫 번째로 시집을 낸 아프리카계 미국인이기 때문에 매우 중요한 시인이랍니다.

다음은 〈섭리의 사역에 대한 생각〉이라는 시의 몇 구절입니다.

우리가 눈을 뜨는 어느 곳에나
무한한 사랑이 있네
이것은 모든 창조물이 원하는 것을 공급하고
자연의 지속적인 목소리 안에서 들리고
아침을 깨우며, 저녁을 기쁘게 하고
풍요로운 비를 허락하며, 이슬이 내리게 하네

모든 것을 풍요롭게 하기 위해,
목적에 도움이 되기 위해
선한 사람이지만, 사람은 은혜를 모르네
너무나 작은 경의와 찬양
그에게, 인자한 빛으로 옷 입은 그의 작품
찬송으로 높여라,
얼마나 변함없으며 고결한가!

　필리스 휘틀리가 사용한 언어는 오늘날 사람들이 사용하는 언어와 다르지만, 그럼에도 불구하고 그녀는 우리에게 영감을 줍니다. 노예였던 그녀가 누군가의 특별한 도움을 받아서 공부하고 배우고 쓸 수 있었던 것에 비해, 마음만 먹는다면 무엇이든 자유롭게 할 수 있는 우리가 무엇을 성취할 수 있을지 생각해 보세요.

추가 활동

① 아이들이 자연에 대한 감정, 생각, 관찰을 바탕으로 간단한
시를 쓰도록 이끌어 준다.

② 성숙한 아이들이라면 하이쿠 시[9]에 대해 설명해 준다.

---

9 _ 시조처럼 엄격한 글자로 이루어진 일본 고유의 정형시. - 옮긴이

# 25 우리 마음에 존재하시는 하나님[10]

**성경 말씀** 에스겔 36:26-27 GNT, 로마서 5:5 GNT

> 26 또 새 영을 너희 속에 두고 새 마음을 너희에게 주되 너희 육
> 신에서 굳은 마음을 제거하고 부드러운 마음을 줄 것이며
> 27 또 내 영을 너희 속에 두어 너희로 내 율례를 행하게 하리니
> 너희가 내 규례를 지켜 행할지라
> 5 소망이 우리를 부끄럽게 하지 아니함은 우리에게 주신 성령으
> 로 말미암아 하나님의 사랑이 우리 마음에 부은 바 됨이니

**준비물** 하트 모양의 사탕 상자(불꽃이나 비둘기 사진과 같이 하나님의 영을
상징하는 것을 상자 안에 넣어 둔다.)

**적당한 설교 시기와 준비** 밸런타인데이 직전 주일에 가장 적합하다.

● ● ●

---

10 _ 작자 미상의 전래 이야기 '숨어 계시는 하나님'을 개작한 마거릿 실프의
『세계의 지혜 이야기』(Cleveland: Pilgrim Press, 2003).

아주 오랜 옛날, 세상을 창조하시자마자 하나님은 스스로 만드신 세상 어딘가에 숨기로 하셨어요. 하나님이 어디에 숨을까 고민하고 있을 때 모든 천사들이 하나님 주변에 모였어요.

"하나님, 깊은 땅속에 숨으시는 건 어때요?"

한 천사가 이렇게 말하자 하나님은 잠시 동안 생각하시더니 말씀하셨어요.

"그건 안 돼. 오래지 않아 사람들은 세상의 보물을 찾아서 땅을 팔 거야. 나는 너무 빨리 발견되지 않을 장소가 필요하단다. 사람들이 나를 찾는 과정 속에서 나의 창조물들이 영적으로, 지적으로 더욱 성장할 것이기 때문이다."

"바다에 숨으시는 건 어때요?"

다른 천사가 제안했어요.

"아니, 그것도 좋은 방법이 아니다. 사람들은 곧 바다를 탐험할 것이고, 바다에 숨어 있는 모든 걸 찾을 것이기 때문이다."

천사들은 생각하고 또 생각했어요. 마지막으로 세 번째 천사가 말했어요.

"사람의 마음속에 숨으시는 건 어때요? 사람들은 자기 마음속을 볼 생각을 전혀 못할 거예요."

"맞아! 그곳이 숨기에 가장 완벽한 장소로구나."

그렇게 해서 하나님은 이 세상에 태어난 모든 아기들의 마음속에 숨으셨어요. 그리고 아이들이 영적으로, 지적으로 충분히 성장해서 마음 깊은 곳에 있는 하나님을 찾게 될 때까지 숨어 계시지요. 마음속에 계신 하나님을 찾는 사람들은 하나님과 영원히 교제를 하게 된답니다.

 추가 활동

"우리가 우리 마음에 있는 하나님을 찾았다는 것을 어떻게 알수 있을까요?"라는 질문으로 토론을 이끈다. (가능한 대답 : 마음을다하고, 영혼을 다하고, 생각을 다하고, 힘을 다해서 하나님을 사랑하고이웃을 우리의 몸같이 사랑하며 살아갈 때)

# 26 창조된 모습 그대로의 사람

**성경 말씀** 갈라디아서 6:4 GNT

　　4 각각 자기의 일을 살피라 그리하면 자랑할 것이 자기에게는 있어도 남에게는 있지 아니하리니

**준비물** 아이들에게 나눠 줄 다양한 종류의 씨(해바라기씨, 호박씨, 수박씨, 복숭아씨, 사과씨, 배씨, 도토리, 단풍나무씨)와 그릇

**적당한 설교 시기** 예배의 주제가 포용과 다양성일 때

　　오늘은 여러 가지 씨앗을 가져왔어요. (아이들의 그릇에 씨앗을 나눠 준다.) 이제 여러분이 가진 씨앗을 보세요. 각각의 씨앗을 보면서 무엇을 알아냈나요? 모든 씨앗의 모양이 다르지요? 똑같은 것이 하나도 없어요.

　　잠시 생각해 봅시다. 만약 도토리를 심었다면 사과나무로 자라길 기대할 수 있을까요? 물론 그럴 수 없죠. 만약 사과씨를 심었다면 복숭아나무로 자랄 수 있을까요? 절대 그럴 수 없죠. 도토리를 심으면 떡갈나무로 자라고, 사과씨를 심으면 사과나무로 자라고, 복숭아씨를 심으면 복숭아나무로 자라는 것은 하나님이 계획하신 방식이에요.

사과나무는 복숭아나무에게 사과나무가 아니라고 놀리면 안 되고, 떡갈나무는 단풍나무에게 떡갈나무가 아니라고 놀리면 안 되지요. 이제 서로서로 얼굴을 보세요. 여러분 중 똑같이 생긴 사람이 있나요? 물론 없겠죠. 일란성 쌍둥이라도 비슷해 보일 뿐 완전히 똑같지는 않아요.

여기서 중요한 점은 우리가 각각 조금씩 다르게 창조되었다는 거예요. 우리는 각각 특정한 종류의 씨앗을 마음속에 가지고 있고, 그 씨앗이 우리를 창조된 사람으로 자라게 하는 것과 같아요.

이것은 바로 하나님은 벤이 잭이 되기를 바라시지 않는다는 것을 의미합니다. 또한 하나님은 잭이 매트가 되기를 바라시지도 않습니다. 그리고 하나님은 캐서린이 서머가 되기를 바라시지도 않고, 서머가 헤머 목사님이 되기를 바라시지도 않습니다.

하나님은 벤은 벤이기를, 잭은 잭이기를, 매트는 매트이기를, 캐서린은 캐서린이기를, 섬머는 섬머이기를 바라십니다. 하나님은 우리 각자가 우리 내면에 있는 사람이 되기를 바라시는 거예요. 창조된 모습 그대로의 사람 말이에요. 복숭아씨가 사과나무가 되기를 바라시지 않는 것처럼, 하나님은 내가 다른 누군가가 되거나 다른 누군가가 내가 되기를 바라시지 않아요. 하나님은 우리가 창조된 모습 그대로 자랑스러워하기를 원하십니다.

우리 각자의 기쁨은 우리가 창조된 그대로의 모습을 발견하고, 그렇게 되는 것입니다.

 추가 활동

아이들이 다양한 씨앗의 색, 느낌, 냄새에 주의를 기울이고 열매, 나무의 크기에 대해 이야기하도록 이끈다. 또한 씨앗을 심고 몇 주 후에 어떻게 자라나는지 관찰하게 한다.

# 27 FRANC를 교회에 초대하기

**성경 말씀** 요한복음 1:35-37, 40-42a GNT

35 또 이튿날 요한이 자기 제자 중 두 사람과 함께 섰다가

36 예수께서 거니심을 보고 말하되 보라 하나님의 어린 양이로다

37 두 제자가 그의 말을 듣고 예수를 따르거늘

40 요한의 말을 듣고 예수를 따르는 두 사람 중의 하나는 시몬 베드로의 형제 안드레라

41 그가 먼저 자기의 형제 시몬을 찾아 말하되 우리가 메시야를 만났다 하고 (메시야는 번역하면 그리스도라)

42 데리고 예수께로 오니 예수께서 보시고 이르시되 네가 요한의 아들 시몬이니 장차 게바라 하리라 하시니라 (게바는 번역하면 베드로라)

**준비물** '친구(Friends)', '친척(Relatives)', '아는 사람(Acquaintances)', '이웃 사람(Neighbors)', '동아리 친구(Club members)'라고 쓰인 카드

**적당한 설교 시기와 준비** 복음 전도나 지역 봉사를 하는 날, 교인들이 친구를 초대하는 '친구 초청의 날'에 적합하다. 파워포인트나 차트에 인쇄해서 제시한다.

FRANC가 무엇인지 알고 있나요? FRANC는 무엇을 의미할까요? FRANC는 머리글자예요. 머리글자는 단어의 첫 번째 글자를 의미합니다. 각 단어의 첫 번째 글자가 합쳐져서 하나의 단어가 되지요.

FRANC에서 F는 친구(Friends)를, R는 친척(Relatives)을 의미합니다. A는 아는 사람(Acquaintances), 즉 경비실 아저씨나 치과의사처럼 일상생활에서 마주치는 사람이에요. 그럼 N은 무엇을 의미할까요? 맞아요. 이웃 사람(Neighbors)이에요. 마지막으로 C는 동아리 친구(Club members)나 동료 직원(Coworkers)을 의미하지요. 이렇게 친구, 친척, 아는 사람, 이웃 사람, 동아리 친구의 머리글자가 모여서 FRANC라는 새로운 이름이 된 거예요.

예수님의 초기 제자들에 대한 이야기를 읽어 보면 친구, 친척, 아는 사람, 이웃 사람, 동아리 친구 등을 교회 예배에 초대하는 것을 매우 기뻐했다는 것을 알 수 있어요. 요한의 복음은 어떻게 안드레가 그의 형제 베드로를 예수님께 오도록 초대했는지를 알려 줍니다. 안드레의 초대 덕분에 베드로는 결국 초기 교회의 가장 중요한 지도자 중 한 사람이 되었어요.

다른 사람이 예수님께 오도록 초대하는 것은 우리 모두가 할 수 있는 일이에요. 우리에게는 친구, 친척, 아는 사람, 이웃 사람, 동아리 친구나 직장 동료가 있고, 이들은 우리처럼 멋진 교회에 오는 것을 좋아할 수도 있지요. 하지만 우리가 그들을 초대하지 않는다면 그들은 절대로 모를 거예요. 그러니 그들에게 우리가 무엇인가를 이야기하는 것은 우리의 기쁨입니다.

 추가 활동

FRANC라는 카드 뒷면에 아이들이 교회에 초대할 수 있는 친구, 친척, 아는 사람, 이웃 사람, 동아리 친구의 이름을 적게 한다.

# 28 문제를 축복의 기회로 바꾸시는 하나님

**성경 말씀** 창세기 50:15, 19-20 GNT

15 요셉의 형제들이 그들의 아버지가 죽었음을 보고 말하되 요셉이 혹시 우리를 미워하여 우리가 그에게 행한 모든 악을 다 갚지나 아니할까 하고

19 요셉이 그들에게 이르되 두려워하지 마소서 내가 하나님을 대신하리이까

20 당신들은 나를 해하려 하였으나 하나님은 그것을 선으로 바꾸사 오늘과 같이 많은 백성의 생명을 구원하게 하시려 하셨나니

**준비물** 점자책

**설교 준비** 아이들이 눈을 감고 손가락으로 점자책을 읽어 보게 한다. 아이들이 손가락으로 느끼는 것을 알아차릴 수 있는지 살펴본다. 점자책에 익숙한 사람이나 맹학교 선생님을 초대해서 생각을 공유하며 함께하는 자리를 마련한다.

200년 전 프랑스의 한 시골 마을에 루이라는 소년이 살고 있었어요. 루이는 세 살 때 눈이 멀어서 앞을 볼 수가 없었어요.

그런데 그 당시 사람들은 시각 장애인이나 청각 장애인이 배울 수 없다고 생각해서 이들은 학교에 가지 못했어요. 하지만 어린 루이는 눈이 안 보이는 아이들을 위해 세운 특별한 학교에 다녔지요. 루이는 특히 과학과 음악에 재능을 드러냈어요. 비록 앞을 볼 수 없었지만 루이는 자신과 같은 시각 장애 학생들을 위해 선생님이 되었어요.

열아홉 살이 되었을 때 루이는 종이에 점을 찍어서 시각 장애인을 위한 쓰기를 생각해 냈어요. 종이의 뒷면에 점을 찍어 구멍을 뚫고 앞면을 손으로 만져서 읽는 것이지요. 셀이라는 작은 네모에 여섯 개 점의 나열 방식에 따라 알파벳과 숫자를 나타내면 시각 장애인은 점을 손으로 만져서 읽을 수 있습니다. 루이의 성은 브라유인데, 그래서 시각 장애인을 위한 쓰기 체계를 브라유 시스템(점자)이라고 불러요.

그런데 이야기는 이게 전부가 아니에요. 몇 년 뒤에

새뮤얼 그리들리 하우라는 미국 사람이 프랑스와 영국에서는 어떻게 시각 장애인과 청각 장애인이 교육을 받는지 보러 왔어요. 하우는 브라유 체계를 배워서 그것을 매사추세츠 보스턴에 있는 시각 장애인을 위한 퍼킨스 학교에 도입하게 되었지요. 시각 장애인을 위한 퍼킨스 학교는 또 다른 유명인이 교육받은 곳이에요. 누군지 아는 사람? 바로 헬렌 켈러예요. 여기서 배운 헬렌 켈러는 교사가 되어 수많은 사람들에게 영감을 주었습니다.

루이, 새뮤얼, 헬렌이 우리에게 가르쳐 주는 커다란 교훈은, 우리에게 문제가 생길 때마다 그 해결책을 찾을 수 있는 기회 또한 갖게 된다는 것입니다. 그럼으로써 우리의 삶이 더 좋아질 뿐 아니라 다른 사람들의 삶까지도 더 풍요로워진답니다. 이것은 요셉이 한 일이기도 해요. 요셉은 자신을 노예로 팔았던 형제들을 미워하지 않고 하나님의 뜻을 믿으면서 선한 것을 가져올 수 있는 기회로 만들었어요. 실제로 문제는 숨은 기회이기도 합니다.

### 추가 활동

① 아이들이 종이에 점을 찍어서 자신의 이름을 새기게 한다(점
   자에 익숙한 사람의 도움을 받는다).
② 점자를 볼 수 있는 장소(출입구, 엘리베이터 등)에 대해서 이야
   기를 나눈다. 또한 시각 장애인을 배려하기 위해 우리가 할
   수 있는 일에 대해 토의해 본다.
③ 요셉의 이야기(창세기 37-50)를 해 주고, 그가 노예로 끌려가
   고 이집트의 감옥에 들어간 일, 총리가 되고 훗날 가족을 기
   근에서 구한 과정을 이야기해 준다.

# 29 신발 속의 돌

**성경 말씀** 히브리서 13:18 GNT

> 18 우리를 위하여 기도하라 우리가 모든 일에 선하게 행하려 하
> 므로 우리에게 선한 양심이 있는 줄을 확신하노니

**준비물** 작은 돌을 넣어 둔 신발

**적당한 설교 시기** 개인의 영적 성장에 관심을 두는 사순절 기간

신발 속에 돌멩이가 들어 있으면 어떤가요? (아이들 앞
에서 앉아 신발을 벗고 작은 돌멩이를 꺼낸다.) 예전에 내 신
발에 작은 돌멩이가 들어갔을 때 나는 그것을 신경 쓰
지 않으려고 해 봤어요. 내가 계속 무시한다면 다른 쪽
신발로 옮겨 가거나, 나를 더 이상 괴롭히지 않거나, 기
적적으로 완전히 사라져 버릴지도 모른다고 생각하면서
계속 걸었지요. 나는 앉아서 신발 끈을 풀고, 신발을 뒤
집어 돌을 꺼내고, 신발을 다시 신기가 귀찮았어요. 어

짼든 나는 신발 속의 돌멩이가 사라져서 나를 그만 괴롭히기를 바랐어요. 하지만 곧 나는 앉아서 신발 끈을 풀고, 신발을 뒤집어 돌을 꺼내고, 신발 끈을 다시 매야만 했어요.

나는 내 마음속이나 머릿속이 이렇다면 어떨까 생각해 봤어요. 가끔 우리를 괴롭히는 감정이 있어요. 누군가가 우리 가슴을 아프게 하거나 화를 돋울 때가 있잖아요. 혹은 우리 자신이 잘못된 행동을 해서 죄책감이 들 때도 있고요. 또 학교에서 반이 바뀌거나 사랑하는 선생님과 헤어졌을 때는 슬픔을 느끼지요.

우리는 간혹 신발 속의 돌멩이처럼 이런 감정들을 무시하면 사라질 것이라고 생각하기도 해요. 어떨 때는 정말 사라질지도 몰라요. 하지만 대개는 감정을 다루는 시간이 필요합니다. 나를 화나게 한 사람과 마주 앉거나, 내가 잘못을 저지른 상대방과 마주 앉거나, 부모님, 선생님, 혹은 다른 누군가와 마주 앉을 필요가 있습니다. 그리고 그들에게 내 마음속의 괴로운 감정에 대해서 이야기해야 하지요.

이렇게 자신의 힘든 감정에 대해서 누군가와 이야기하

고 나면 더 나은 감정을 느끼곤 합니다. 마치 신발 속에서 돌멩이를 꺼내는 과정과 흡사하지요. 우리의 기분이 더 좋아지는 데는 깨끗한 양심만 한 것이 없습니다. (신발을 신으며) 네, 이제 기분이 아주 좋아졌어요.

추가 활동

자신을 힘들게 하는 내면의 감정을 미술 작업을 통해 나타내게 한다. 그런 다음 일대일로 자신의 작품과 그것의 의미를 나누는 시간을 갖게 한다.

# 마음을 평화롭게 하는
# 특별한 장소

**성경 말씀** 누가복음 22:39-41 GNT

> 39 예수께서 나가사 습관을 따라 감람 산에 가시매 제자들도 따라갔더니
>
> 40 그곳에 이르러 그들에게 이르시되 유혹에 빠지지 않게 기도하라 하시고
>
> 41 그들을 떠나 돌 던질 만큼 가서 무릎을 꿇고 기도하여

**준비물** 영혼을 진정시키는 데 도움이 되는 종교적인 물건이나 개인적인 물건

**설교 준비** 예시로 예배당에 의자, 작은 테이블, 램프와 같은 물건을 설치해서 '특별한 장소'를 만든다.

오늘 나는 무언가를 가져왔어요. 하지만 이것에 대해서 이야기하기 전에 여러분에게 질문을 하겠어요. 여러분은 집에 자신을 특별하게 만들어 주는 특별한 장소, 말하자면 침실의 작은 공간, 거실의 한구석, 창고의 작은 공간 같은 곳을 찾아보세요. 여러분이 깊이 생각하거나, 마음을 다독이거나, 평화로움을 느낄 장소가 있나요?

이런 장소는 나이가 적든 많든 우리 모두에게 매우 중요해요. 왜냐하면 우리는 가끔 조용히 생각할 공간, 마음이 쉴 수 있는 공간, 평화로움을 되찾을 공간이 필요하기 때문이에요.

예수님에게는 휴식을 취하고, 기도하고, 평화로움을 느끼는 공간이 있었어요. 겟세마네 동산이라고 불리는 올리브 정원이었지요.

특별한 장소에서 쉬고 평안의 상태로 돌아가도록 도와주는 물건도 있어요. 기도하는 모습이 새겨진 나무 조각과 십자가, 예수님의 사진, 또는 성경 말씀이 쓰인 액자, 평화를 위해 일하고 평화의 기도를 해 주신 성 프란체스코의 조각과 같은 종교적인 물건, 혹은 성경이나 우리에게 평안을 주고 쉬도록 해 주는 특별한 책일 수도 있어요. 풍경 달력과 같은 그림도 마음을 안정되게 해 줄 수 있지요.

내 작업실에서 내가 안정되고 평안한 상태가 되도록 도와주는 최고의 물건 중 하나는 달마다 풍경 그림이 다른 달력입니다. 자연의 아름다운 모습과 계절의 변화, 계절에 따라 하나님이 어떻게 일하시는지를 감상하면서 나의 내면은 차분하고 평화로워집니다.

여러분이 자신의 특별한 장소를 위해 선택한 물건은 내 것과 다를 거예요. 사람들은 각자 흥미와 선호하는 것이 다르니까요. 여러분이 특별한 장소에서 안정과 평안을 되찾는 데 도움이 되는 물건은 무엇이 있을까요? (답할 시간을 준다. 돌멩이, 조개, 사랑하는 사람의 사진, 꽃, 말린 나뭇잎, 십자가, 박제 동물, 영적 잡지, 시디플레이어 등 다양한 답이 나올 것이다.)

중요한 것은 특별한 장소에 무엇을 가지고 있느냐가 아니라, 우리가 쉬고 마음을 가라앉힐 수 있는, 그래서 마음이 평화로워질 수 있는 장소가 있느냐예요.

추가 활동

자신의 특별한 장소를 꾸미는 데 사용할 수 있는 다양한 물건에 대해 아이들과 이야기를 나눈다. 마음이 동요되고 초조한 상태와 반대되는 평화로운 상태일 때의 장점에 대해서 논의한다.

# 예수님을 경배하는 여러 가지 방법

**성경 말씀** 누가복음 19:37–38 GNT

37 이미 감람 산 내리막길에 가까이 오시매 제자의 온 무리가 자기들이 본 바 모든 능한 일로 인하여 기뻐하며 큰 소리로 하나님을 찬양하여

38 이르되 찬송하리로다 주의 이름으로 오시는 왕이여 하늘에는 평화요 가장 높은 곳에는 영광이로다 하니

**준비물** 종려가지, 코트나 망토와 같은 긴 옷

**적당한 설교 시기와 준비** 부활 주일 전인 종려 주일에 적합하다. 이야기를 시작하기 전에 코트나 망토와 같은 긴 옷을 복도 바닥에 펼쳐 놓고 아이들 앞으로 걸어간다. 그리고 종려가지를 그 위에 놓는다.

● ● ●

약 2000년 전 무렵 예루살렘에서는 아마도 이런 일이 벌어졌을 거예요.

매우 특별한 날이라 (아이의 이름을 넣는다.)는 흥분했어요. 행진이 시작되어 위대한 선지자 예수님이 무언가를 타고 마을로 들어오고 있어요.

아이들은 언덕 위 흙길을 내려오는 군중을 멀리서 볼 수 있었어요. 군중 가운데 한 남자가 당나귀를 타고 있었어요. 군중이 다가오자 사람들이 지르는 소리가 들렸어요.

"호산나! 하나님의 이름으로 오시는 이여, 높임을 받으소서! 높은 곳에서 호산나!"

그때 아이들은 이상한 광경을 목격했어요. 사람들이 겉옷을 벗어서 당나귀를 타고 있는 남자의 땅 앞에 펼쳐 놓는 것이었어요. 아이들의 부모님들도 그렇게 하셨어요. 그래서 아이들도 부모님이 겉옷을 벗어서 길가에 펼쳐 놓는 것을 보고 따라 해야겠다고 생각했어요. 그래서 (아이의 이름을 넣는다.)는 재빨리 겉옷을 벗어서 예수님이 밟고 지나가시도록 길 위에 조심스럽게 펼쳐 놓았지요. 군중이 지나간 후에 사람들은 길 위에 펼쳐 놓았던 겉옷을 집어 들어 먼지를 털고 다시 입었어요.

그렇지만 아이들은 그렇지 않았어요.

"봐! 내 옷이 더러워졌어."

한 아이가 울면서 다른 아이에게 말했어요.

"내 것도 마찬가지야."

다른 아이가 대답했지요.

"엄마, 왜 그렇게 하신 거예요?"

한 아이가 엄마에게 물었어요.

"무얼 말이니?"

"당나귀를 탄 사람이 왜 옷을 밟고 지나가게 해서 옷을 더럽히냐고요?"

아이의 질문에 엄마가 대답했어요.

"당나귀를 탄 사람은 단순한 사람이 아니야. 대단한 선지자이시지. 그분은 왕이야, 하나님의 새로운 왕. 왕에게 옷을 벗어 드리는 것은 존경을 나타내는 방법이란다. 그분이 특별하다고 생각한다는 것을 그분에게 알리는 것이지."

아이들은 자기가 본 것과 들은 것에 대해 생각했어요.

"내 옷 위로 왕이 지나가셨어!"

한 아이가 기쁜 목소리로 외쳤어요.

"나도!"

다른 아이들도 함께 소리쳤지요. 아이들은 옷에 묻은

먼지를 다시 보았는데 이번에는 옷이 더러워진 것이 속상하지 않았어요. 오히려 특별해 보이기까지 했어요. 아이들은 왕을 경배하기 위해 자신이 가진 것을 나누는 것이 훌륭한 일이라고 생각했답니다.

### 🌳 추가 활동

① 아이들이 예루살렘 사진과 승리의 입성이 있었던 올리브 산의 사진을 찾아보게 한다.
② 아이들이 예수님을 경배할 수 있는 실제적인 방법을 생각해 보게 한다.

# 32 가득 찼거나 비었거나

**성경 말씀**  마가복음 16:1-2, 4-6 GNT

1 안식일이 지나매 막달라 마리아와 야고보의 어머니 마리아와
또 살로메가 가서 예수께 바르기 위하여 향품을 사다 두었다가

2 안식 후 첫날 매우 일찍이 해 돋을 때에 그 무덤으로 가며

4 눈을 들어본즉 벌써 돌이 굴려져 있는데 그 돌이 심히 크더라

5 무덤에 들어가서 흰 옷을 입은 한 청년이 우편에 앉은 것을 보
고 놀라매

6 청년이 이르되 놀라지 말라 너희가 십자가에 못 박히신 나사
렛 예수를 찾는구나 그가 살아나셨고 여기 계시지 아니하니라
보라 그를 두었던 곳이니라

**준비물**  사탕을 넣은 플라스틱 달걀이 담긴 바구니와 빈 플라스틱 달
걀이 담긴 바구니

**적당한 설교 시기**  부활 주일이나 그 이후

어느 쪽이 더 나을까요? 가득 찬 쪽? (사탕을 넣은 플
라스틱 달걀이 담긴 바구니를 들어 올린다.) 아니면 비어 있

는 쪽? (빈 플라스틱 달걀이 담긴 바구니를 들어 올린다.) 이 쪽이 나을까요? (사탕을 넣은 플라스틱 달걀이 담긴 바구니를 다시 들어 올린다.) 이쪽이 나을까요? (빈 플라스틱 달걀이 담긴 바구니를 다시 들어 올린다.) 우리는 가득 찬 달걀이 더 좋다고 알면서 지내 왔어요. 왜 그렇다고 생각해요? 플라스틱 달걀은 안에 든 사탕과 관련이 있어요.

하지만 사실 부활절에는 비어 있는 것이 더 좋아요. (빈 플라스틱 달걀을 분리하여 들어 올린다.) 왜 그럴까요? 맞아요. 빈 달걀은 빈 무덤을 생각나게 하기 때문이에요. 무덤이 무엇인지 이야기해 줄 친구 있나요? 무덤이란 죽은 사람을 묻기 위해 땅을 파낸 작은 동굴 같은 거예요.

부활절 이야기를 공부하다 보면 모든 부활절의 좋은 소식은 빈 무덤에서 시작된다는 것을 알 수 있어요. 막달라 마리아와 다른 제자들이 예수님의 무덤에 갔을 때, 십자가에서 내린 예수님의 몸을 놓았던 곳이 비어 있는 것을 발견했어요. '예수님이 없다'는 것은 그들에게 좋은 소식이었지요. 마리아와 베드로, 요한이 무덤을 들여다보니 텅 비어 있었어요. 예수님이 사라지신 거예요. 예수님이 놓였던 곳에 예수님의 몸을 감쌌던 천 조각만 있고 예수님이 사라졌다는 바로 그 말씀이지요. 이렇게 빈 무덤은 모든 사건의 시작을 알리는 거예요. 예수님의 초기 제자들은 예수님이 죽음에서 부활하신 것을 경험했어요.

앞으로 부활절 달걀을 볼 때마다 그 속에 있는 사탕뿐만 아니라 빈 무덤을 연상시키는 빈 달걀도 생각해 보기 바랍니다. 만약 빈 무덤이 없었다면 우리는 부활절을 축하할 수 없을 테니까요.

### 추가 활동

① 아이들이 부활절 달걀에 관한 이야기를 조사해 보게 한다.
② 예수님이 무덤에서 깨어나 새로운 삶을 얻은 것처럼 달걀을 깨고 병아리가 나오는, 부활절의 다른 주제에 대해 아이들과 공부한다.

## 33  새 야구 글러브

**성경 말씀** 요한복음 20:1-18 NRSV

1 안식 후 첫날 일찍이 아직 어두울 때에 막달라 마리아가 무덤
에 와서 돌이 무덤에서 옮겨진 것을 보고

2 시몬 베드로와 예수께서 사랑하시던 그 다른 제자에게 달려가
서 말하되 사람들이 주님을 무덤에서 가져다가 어디 두었는지
우리가 알지 못하겠다 하니

3 베드로와 그 다른 제자가 나가서 무덤으로 갈 새

4 둘이 같이 달음질하더니 그 다른 제자가 베드로보다 더 빨리
달려가서 먼저 무덤에 이르러

5 구부려 세마포 놓인 것을 보았으나 들어가지는 아니하였더니

6 시몬 베드로는 따라와서 무덤에 들어가 보니 세마포가 놓였고

7 또 머리를 쌌던 수건은 세마포와 함께 놓이지 않고 딴 곳에 쌌
던 대로 놓여 있더라

8 그 때에야 무덤에 먼저 갔던 그 다른 제자도 들어가 보고 믿더라

9 (그들은 성경에 그가 죽은 자 가운데서 다시 살아나야 하리라 하신 말씀을
아직 알지 못하더라)

10 이에 두 제자가 자기들의 집으로 돌아가니라

11 마리아는 무덤 밖에 서서 울고 있더니 울면서 구부려 무덤 안

을 들여다보니

12 흰 옷 입은 두 천사가 예수의 시체 뉘었던 곳에 하나는 머리 편에, 하나는 발 편에 앉았더라

13 천사들이 이르되 여자여 어찌하여 우느냐 이르되 사람들이 내 주님을 옮겨다가 어디 두었는지 내가 알지 못함이니이다

14 이 말을 하고 뒤로 돌이켜 예수께서 서 계신 것을 보았으나 예수이신 줄은 알지 못하더라

15 예수께서 이르시되 여자여 어찌하여 울며 누구를 찾느냐 하시니 마리아는 그가 동산지기인 줄 알고 이르되 주여 당신이 옮겼거든 어디 두었는지 내게 이르소서 그리하면 내가 가져가리이다

16 예수께서 마리아야 하시거늘 마리아가 돌이켜 히브리 말로 랍오니 하니 (이는 선생님이라는 말이라)

17 예수께서 이르시되 나를 붙들지 말라 내가 아직 아버지께로 올라가지 아니하였노라 너는 내 형제들에게 가서 이르되 내가 내 아버지 곧 너희 아버지, 내 하나님 곧 너희 하나님께로 올라간다 하라 하시니

18 막달라 마리아가 가서 제자들에게 내가 주를 보았다 하고 또 주께서 자기에게 이렇게 말씀하셨다 이르니라

**준비물** 오래되고 낡은 야구 글러브와 새 야구 글러브

**적당한 설교 시기** 부활 주일이나 그 이후

● ● ●

여러분은 야구를 좋아하나요? 여러분 또래의 에릭이라는 아이는 야구를 좋아했어요. 에릭의 아버지는 에릭에게 오래되고 낡은 야구 글러브를 물려주셨어요. 에릭은 글러브가 그것뿐이라 무척 소중하게 여기고, 경기가 끝나면 글러브를 자기 방 침대 밑에 잘 두었지요.

그러던 어느 토요일, 큰 경기를 위한 연습 경기를 하러 가려고 에릭은 침대 밑의 글러브를 꺼내려 했어요. 하지만 어찌된 일인지 글러브가 보이지 않았어요. 침대 밑을 샅샅이 뒤졌지만 글러브는 온 데 간 데 없이 사라졌어요.

에릭은 온 집 안을 뛰어다니며 소리쳤어요.

"내 글러브, 내 글러브! 찾을 수가 없어요."

그는 눈물을 흘리며 엄마에게 말했어요.

"엄마, 내 글러브가 사라졌어요! 내가 항상 두던 곳에 없어요."

엄마는 에릭의 머리를 쓰다듬으며 말했어요.

"옷장을 살펴보았니?"

"아니요. 나는 옷장에 두지 않는데 왜 옷장에 글러브가 있겠어요?"

"혹시 모르니 가서 확인해 보렴."

에릭은 눈물을 훔치며 엄마의 말대로 방에 가서 옷장 문을 열어 보았어요. 그런데 거기에 멋진 새 글러브가 걸려 있었어요. 에릭은 믿을 수가 없어서 눈을 동그랗게 떴지요. 곧 에릭은 새 글러브를 가슴에 꼭 끌어안으며 행복해했답니다. 옛날 글러브는 사라졌지만 더 멋진 새 글러브를 갖게 되었으니까요. 에릭은 옛날 글러브보다 새 글러브를 더 좋아하게 되었지요.

자, 이 이야기에는 부활절의 교훈이 담겨 있어요. 예수님의 첫 제자들은 세상 그 누구보다도 예수님을 사랑하고 소중히 여겼어요. 하지만 예수님은 십자가에 못 박히고 결국 돌무덤에 묻히셨지요. 제자들이 부활절 아침에 장례를 마치기 위해서 무덤에 갔을 때 무엇을 발견했나요? 맞아요. 아무것도 없었어요. 무덤이 비어 있었어요. 놀란 그들은 눈물을 흘렸고, 마리아는 언덕을 뛰어 내려가면서 소리쳤어요.

"그가 사라졌다, 그가 사라졌다! 예수님을 찾을 수 없어!"

그러나 마리아와 제자들은 예수님의 부활하심을 경험했어요. 새롭고 더욱 좋은 일이라 그들은 무척 행복했어요. 이전에 알던 것과는 다르게 예수님이 나타나셨지만 그들은 예수님을 전보다 더 사랑하게 되었답니다.

 추가 활동

아이들이 소중한 것을 잃었을 때와 그것을 다시 찾았을 때의 기쁨을 나누게 한다.

# 34 예수님께 초점 맞추기

**성경 말씀** 히브리서 12:2 GNT

> 2 믿음의 주요 또 온전하게 하시는 이인 예수를 바라보자 그는 그 앞에 있는 기쁨을 위하여 십자가를 참으사 부끄러움을 개의치 아니하시더니 하나님 보좌 우편에 앉으셨느니라

**준비물** 어린이 성경책이나 그림 성경책에서 찾을 수 있는 작은 예수님 그림과 돋보기

**적당한 설교 시기** 예수 승천 주일이나 장애인, 특히 시각 장애인에 대해서 묵상할 때

• • •

초점이 무엇인지 말해 줄 사람 있나요? 초점을 맞추는 것은 우리의 눈이나 시력을 맞춰서 더 분명하게 보는 거예요. 그럼 초점을 맞추는 데는 무엇이 필요할까요? 쌍안경, 망원경, 현미경, 돋보기… 네, 모두 좋은 대답이에요.

마침 오늘 돋보기를 하나 가져왔으니 돋보기에 대해

이야기해 볼까요? 성경책을 보는 동안 예수님 그림을 찾아야 하고, 우리가 그 그림 안에서 더 잘 보고 싶은 것이 있다고 생각해 봅시다. 내게 작은 예수님 그림이 있는데, 더 분명하게 보고 싶은 부분에 돋보기를 대고 볼까요? (돋보기를 가까이 대서 그림이 흐릿하게 보이게 한다.) 그런데 그림을 또렷이 보려면 돋보기와 그림 사이에 적절한 거리를 두어야 해요. 그러니까 초점을 맞추는 거지요.

매일의 생활에서 우리가 해야 하는 일이 이와 같지 않나요? 예수님께, 예수님의 가르침에 초점을 맞추는 것 말이에요. 예수님께 우리 눈의 초점을 맞추고, 예수님이 우리에게 하라고 하신 것을 보려고 노력하며, 예수님이 어떻게 우리를 살리셨는지 봐야 해요. 이것이 예수님의 제자가 되기 위해 우리가 해야 할 일입니다.

 추가 활동

아이들이 시각 장애인을 돕기 위해서 할 수 있는 일에 대해 토의하게 한다.

# 35 하나님의 씨앗

**성경 말씀**  누가복음 8:11, 15 GNT

> 11 이 비유는 이러하니라 씨는 하나님의 말씀이요
>
> 15 좋은 땅에 있다는 것은 착하고 좋은 마음으로 말씀을 듣고 지키어 인내로 결실하는 자니라

**준비물**  호박씨처럼 쉽게 볼 수 있는 다양한 씨앗

**적당한 설교 시기와 준비**  이 이야기는 씨앗을 뿌리는 봄에 적합하다. 누가복음 8:4-15에 씨앗을 놓아두어, 성경을 펼쳤을 때 아이들이 씨앗을 볼 수 있게 한다.

---

오늘 여러분에게 해 줄 특별한 이야기가 있어요. (성경을 펼친다.) 어머나! 성경에서 씨앗이 떨어진 것 같네요.

신기하게도 오늘 해 주려는 이야기는 씨앗에 관한 거예요. 자, 주의 깊게 들어 보세요. (누가복음 8:4-15를 읽는다. 어린이 성경이나 쉬운 성경이 좋다.)

좋은 땅에 떨어져서 아름다운 꽃으로, 맛있는 과일로, 건강한 채소로 자라날 준비가 된 씨앗처럼 성경은 씨앗에 대한 말씀으로 가득 차 있어요. 성경에서 나온 씨앗은 우리의 마음에 뿌리내려 우리 삶에서 아름답게 자라나기 위해 기다리고 있어요. 하지만 아름답게 자라나려면 그 씨앗인 말씀을 읽거나 들어야만 해요. 그래서 우리가 쉽게 읽고 이해할 수 있는 성경을 가지고 있는 것이 중요하고, 우리의 귀에 떨어져서, 마음에 깊이 내려와서 아름답게 자라날 수 있는 멋진 말씀 씨앗을 얻기 위해 교회에서 오라고 할 때 늘 나와야 합니다.

 추가 활동

아이들과 함께 교회의 화단에 다양한 꽃씨를 심어서 모든 사람들이 꽃을 보고 즐길 수 있도록 한다.

# 다른 사람을 명예롭게
# 하는 멋진 방법

**성경 말씀** 잠언 22:1 NRSV

> 1 많은 재물보다 명예를 택할 것이요 은이나 금보다 은총을 더욱 택할 것이니라

**준비물** 누군가에게 명예를 안겨 주는 명판

**설교 준비** 다른 사람을 명예롭게 하는 여러 가지 방법을 조사하고 생각해 본다.

"애니, 오늘 아침에 나를 좀 도와줄 수 있니?"

애니의 아빠가 토요일 아침 식사를 마치자마자 말했어요.

"토요일은 제가 만화를 볼 수 있는 날이에요. 게다가 저는 일하기 싫다고요."

애니가 시무룩해져서 말했어요.

"오래 걸리지 않을 거다. 그리고 재미있을 거야. 약속

하마."

아빠의 말에 애니는 어쩔 수 없다는 듯 대답했어요.

"알겠어요. 오래 걸리지 않는다면요."

몇 분 후 애니와 아빠는 삽을 들고 마당으로 나갔어요.

"새 나무를 심기에 여기가 좋겠구나."

아빠가 삽으로 땅에 원을 그리면서 말했어요. 아빠는 삽으로 땅을 파는 방법을 애니에게 보여 주었어요. 애니는 삽으로 몇 번 땅을 파 보고는 꽤 재미있다고 생각했지요.

15분쯤 지나자 땅에 농구공 정도 크기의 구멍이 생겼어요.

"이제 충분하겠구나. 그럼 이제 나무를 가져오자."

아빠는 차에 가서 트렁크를 열고 작은 나무를 꺼내서 가져왔어요. 아빠와 애니는 조심스럽게 나무를 구멍에 맞춰 넣고 흙을 덮어 주었어요. 그리고 물도 충분히 주었지요.

"이제 좋아 보이지 않니?"

아빠의 말에 애니는 동의할 수밖에 없었어요.

"하지만 해야 할 일이 하나 더 있단다."

"할 일이 남았다고요?"

애니가 볼멘소리를 하자 아빠는 뒷주머니에서 무언가를 꺼냈어요. 그것은 멋진 금속 명판이었어요.

"그게 뭐예요?"

"이건 명예 명판이란다. 이 나무가 아주 특별한 누군가를 위한 것임을 나타내지. 이 나무를 보는 사람들은 이 명판을 보고 여기에 적힌 사람에 대해서 좋은 생각을 하게 될 거야."

이제 애니는 정말로 궁금해졌어요. 애니는 흥분하면서 물었지요.

"누구를 기념하는 건데요? 그 명판에 누구 이름이 있어요?"

"네가 읽어 볼래?"

아빠의 말에 애니는 금속 명판에 쓰인 글을 큰 소리로 읽었어요.

"이 나무는 애니 스미스를 기념하여 심었다."

아빠가 명판을 나뭇가지에 걸었어요. 애니는 아빠의 사랑, 아빠에게 배운 삽 사용 방법, 딸을 기리기 위해 아빠가 나무를 심고자 한 것이 무척 자랑스러웠답니다.

추가 활동

명예의 중요성을 다룬 잠언 22:1에 대해 논의해 본다. 그리고 나무를 기증하는 것과 같이 다른 사람을 명예롭게 하는 방법에 대해 이야기 나눈다. 아이들이 사랑하는 누군가를 기리기 위해 나무를 심도록 이끈다.

# 37  하나님이 키우시도록

**성경 말씀** 시편 8:4–5 GNT, 에베소서 4:15 GNT

　　4 사람이 무엇이기에 주께서 그를 생각하시며 인자가 무엇이기에 주께서 그를 돌보시나이까

　　5 그를 하나님보다 조금 못하게 하시고 영화와 존귀로 관을 씌우셨나이다

　　15 오직 사랑 안에서 참된 것을 하여 범사에 그에게까지 자랄지라 그는 머리니 곧 그리스도라

**준비물** 테라리엄 병에 심겨 싹이 난 도토리나 다른 씨앗

**적당한 설교 시기** 봄 또는 창세기 첫 부분의 창조 부분을 읽어 줄 때

　　여러분, 이것은 테라리엄terrarium이라고 하는데 가끔 이와 같은 테라리엄이 자연적으로 발생하지요. 이 병을 땅에 던지면 말이에요. 흙과 씨앗이 병 속으로 들어가고 따뜻한 햇볕이 비추면 씨앗에서 싹이 나와 자라지요. 싹을 틔우는 데 필요한 모든 것이 갖춰져 있기 때문에 가

능한 일이에요.

그런데 문제가 있는 것처럼 보이네요. 무슨 문제가 있는지 이야기해 볼래요? 맞아요. 곧 식물이 병 바깥으로 나올 거예요. 식물을 밖으로 옮겨 심지 않으면 죽겠지요.

이와 같은 비유가 있습니다. 우리가 창조되었을 때 선한 것이 우리 안에 깊이 심겼어요. 그 선한 것은 하나님과 같은 형상이에요. 하지만 하나님의 이미지, 하나님과 같은 것이 우리 안에서 자라나려면 공간이 있어야 해요. 그리고 우리는 기도하고 찬양하며, 하나님의 말씀을 듣고, 하나님이 하신 것과 같이 사랑하고 돌보기 위해 노력해야 해요. 하나님과 동행함으로써 그것을 키워 나가야 해요.

**추가 활동**

아이들이 깨끗한 플라스틱 음료수 병을 흙으로 채우고 씨를 심어 테라리엄을 만들도록 지도한다. 싹을 틔우면 식물을 테라리엄 밖으로 옮겨 심어서 계속 자라나게 한다.

# 38 개미에게 배우는 교훈

**성경 말씀** 사도행전 5:42 GNT

　　42 그들이 날마다 성전에 있든지 집에 있든지 예수는 그리스도라
　　고 가르치기와 전도하기를 그치지 아니하니라

**준비물** 과자가 담긴 바구니와 돗자리

**적당한 설교 시기** 봄의 끝 무렵이나 여름에 소풍을 계획하고 있을 때,
혹은 복음 전도나 봉사 활동이 주제인 날

　　여러분은 소풍을 좋아하나요? 네, 우리 대부분은 소
풍을 좋아하죠. 또 누가 소풍을 좋아할까요? 바로 개미
예요. 소풍 가서 개미를 본 적이 있나요?

　　오늘은 개미의 소풍에 관한 이야기를 해 줄게요. 어느
날 교회 사람들이 소풍을 갔어요. 그들은 달콤한 차를
좋아해서 차와 함께 설탕을 챙겨 갔지요.

　　오래지 않아 사람들은 개미 한 마리가 돗자리에 쏟은

설탕 가운데에서 일하고 있는 것을 보았어요. 그 개미는 자기 배를 채운 다음에 설탕을 들고 자리를 떴어요. 하지만 이야기가 끝난 게 아니에요. 몇 분 후 개미는 10여 마리의 개미와 함께 돌아왔어요. 왜 이렇게 되었을까요? 맞아요. 첫 번째 개미가 돌아가서 자신이 발견한 달콤한 먹이에 대해 전했겠지요. 개미들은 설탕으로 배를 채우고 개미집으로 돌아갔어요.

잠깐만요, 이야기가 더 있어요. 소풍을 간 사람들은 개미 군대가 설탕 쪽으로 오는 것을 보게 되었어요. 한 마리의 개미에서 시작된 것이 개미 전체에게 달콤함을 준 거예요.

이 이야기에는 교훈이 담겨 있어요. 우리는 집에서 교회로 왔어요. 마치 첫 번째 개미가 개미집에서 온 것처럼 말이에요. 우리는 여기서 우리를 행복하게 해 주는 것을 발견했어요. 새로운 생각을 배우고, 즐거운 시간을 보내고, 친구와 친해지고, 맛있는 음식을 먹었지요. 그런데 여러분은 집으로, 학교로, 학원으로 가서 여러분이 교회에서 보낸 좋은 시간, 함께한 좋은 사람들에 대해서 말할 생각을 하지 못했을 거예요.

하지만 작은 개미처럼 다른 곳에 가서 여러분이 교회에서 보낸 달콤한 시간에 대해 이야기한다면 얼마나 멋질지 생각해 보세요. 우리는 곧 모든 아이들이 교회에서의 행복을 느끼기 위해 찾아오는 것을 볼 수 있겠지요!

### 추가 활동

① 돗자리를 펼치고 아이들을 둥그렇게 둘러앉힌다(아이들이 많다면 돗자리가 여러 개 필요할 것이다). 아이들에게 과자를 나눠주고 특별한 소풍에 대해 이야기하도록 격려한다.
② 아이들이 적절한 형태의 복음 전도에 참여할 수 있는 방법(종교 교육 수업, 특별한 교회 이벤트, 크리스마스에 학교 친구 초대하기 등)을 생각하도록 이끈다.

# 39 추억의 물건

**성경 말씀** 시편 112:6 GNT

　　6 그는 영원히 흔들리지 아니함이여 의인은 영원히 기억되리로다

**준비물** 살아생전에 사랑했던 사람에게 받은 물건 또는 소중한 사람에게서 받은 선물

**적당한 설교 시기** 특히 추모 주일에 적합하지만 평소에 해도 좋다.

● ● ●

이 물건을 본 적이 있나요? 이 물건은 어디에 쓰는 것일까요? 이것은 손 드릴과 동력 스크루드라이버를 결합한 거예요. 드릴로 작은 구멍을 만들 수 있지요. 이것은 언제 쓸모가 있을까요? 그래요. 구멍을 뚫어야 하는데 전기 드릴이 없다고 생각해 보세요. 난감할 거예요. 이것은 바로 전기 없이 구멍을 뚫을 수 있는 물건이지요. 옛날에 목수는 전기 없이 구멍을 뚫고 톱질을 해야만 했어요.

나는 이 물건으로 구멍을 뚫고 나서 스크루드라이버를 삽입해 동력 스크루드라이버로 쓸 수 있어요. 더욱 빠르고 쉽게 할 수 있지요.

그런데 오늘 내가 이것을 가져온 이유는 따로 있어요. 이 손 드릴과 스크루드라이버는 목수이셨던 할아버지가 25년 전에 내게 주신 거예요. 할아버지는 1989년에 돌아가셨지요. 그래서 이 물건은 나한테는 매우 특별해요. 이것을 사용할 때마다 그분이 생각나기 때문이에요. 추억한다는 것은 좋은 일이에요. 우리가 사랑했지만 이제는 함께할 수 없는 사람에 대한 기억은 삶에 커다란 축복이지요.

오늘은 추모 주일이고 내일은 전몰 장병 추모일[11]이에요. 이번 주말에는 사랑했지만 이제는 함께할 수 없는 분들을 추억해 보세요. 누군가를 혹은 어떤 사건을 기억하도록 돕는 것, 그것이 바로 '추도'의 의미입니다. 그런데 특별히 이번 주말에는 옳은 일을 위해 돌아가신 분들을 추억해 봅시다. 정의를 위해, 자유를 지키기 위해서

---

11 _ 5월 마지막 월요일로 미국에서는 공휴일이다. – 옮긴이

목숨을 바치신 분들 말이에요.

집 안을 돌아보고 살아생전에 사랑했던 사람을 추억할 만한 물건을 찾아보세요. 잘 모르겠으면 어른들에게 여쭤 보세요. 그리고 여러분의 삶을 축복해 준 그분에게 감사의 기도를 드리세요.

 **추가 활동**

① 아이들이 특별히 사랑했던 사람을 떠올려 그림을 그리도록 이끈다.
② 살아생전에 사랑했던 사람이 물려준 물건의 목록을 만들도록 한다.
③ 살아생전에 아이들의 삶을 축복해 준 사람에게 감사의 기도를 하도록 이끈다.

# 40 성령의 바람 자루[12]

**성경 말씀** 요한복음 6:63 GNT

> 63 살리는 것은 영이니 육은 무익하니라 내가 너희에게 이른 말은 영이요 생명이라

**준비물** 바람 자루

**적당한 설교 시기와 준비** 성령강림절(부활절 이후 50일째 날)이 적합하다. 효과를 높이기 위해 선풍기를 준비한다.

- - -

　이런 것을 어디에서 보았나요? (바람 자루를 모두가 볼 수 있도록 들어 올린다.) 잔디밭, 기상 관측소, 비행장… 모두 맞았어요.

　특히 작은 비행장에서 보았던 바람 자루를 생각해 봅

---

12 _ 공항, 공장 등에서 바람의 방향과 속도를 재기 위해 천으로 만든 원뿔 모양의 자루. - 옮긴이

시다. 왜 비행장에 이 바람 자루가 필요할까요? 비행기 조종사가 비행기를 이륙하려고 할 때 바람이 얼마나 강한지, 바람이 어느 방향으로 부는지 알아야 하기 때문이에요. 조종사는 비행기 밖으로 내다볼 수 없고, 게다가 바람은 눈으로 직접 볼 수도 없어요. 그런데 바람 자루는 바람을 담아서 바람이 잠잠한지 강한지, 어디에서 불어오는지를 알려 줍니다.

이 바람 자루의 역할을 한번 실험해 봅시다. 이렇게 인공 바람을 준비했어요. (선풍기를 켜고 선풍기 바람 앞에서 바람 자루를 든다.) 어떻게 바람이 자루를 채워서 방향을 나타내는지 살펴볼까요?

오늘 왜 바람과 바람 자루에 대한 수업을 했을까요? 오늘은 성령강림절이에요. 성경에는 오래전의 첫 번째 성령강림절에 관한 이야기가 있어요. 하나님의 성령이 예수님의 제자들에게 강력하게 급히 임하셨어요. 믿는 사람들이 모두 성령으로 가득 차서 다른 언어로 이야기하기 시작했어요.

오늘날에도 우리는 성령이 우리 안에 계시다고 믿어요. 우리는 오래전에 있었던 기적과 같은 강력한 바람을 기대하지는 않지요. 그럼에도 불구하고 성령은 여기에 계십니다. 하지만 우리는 성령을 볼 수도 없고 손으로 잡을 수도 없어요. 그러면 성령은 어떻게 드러날까요? 바람은 직접 볼 수 없지만 바람 자루에 넣어 볼 수 있듯이, 눈에 보이지 않는 성령은 무언가에 성령을 채울 때 볼 수 있지요.

그럼 성령은 어디에 채울까요? 하나님을 사랑하는 사람, 바로 우리예요. 그런데 성령은 우리 안에서 어떻게 드러날까요? 사랑하고, 돌보고, 용서하고, 우리가 다른 사람을 위해서 하는 친절한 일을 통해 성령이 나타나지요. 예수님이 우리에게 요청하신 일들을 할 때 우리 안에서 성령이 모습을 드러내게 됩니다.

우리는 하나님의 바람 자루라고 할 수 있습니다. 성령의 바람 자루는 성령이 우리를 통해 불 때 나타나는 우리의 모습입니다.

**추가 활동**

지속적인 연상 수업을 위해 큰 천을 구해다가 아이들이 교회 마당에서 바람 자루를 만들어 보게 한다.

 참고문헌

Anderson, Herbert, and Foley, Edward. *Mighty Stories, Dangerous Rituals: Weaving Together the Human and the Divine.* San Francisco: Jossey-Bass, 1998.
종교 의식과 신화의 힘이 우리에게 어떤 의미를 생성하고 표현하는지에 대해 설명한다. 종교 의식과 신화로 인간과 신을 연결하는 방법을 보여 준다.

Bettelheim, Bruno. *The Uses of Enchantment: The Meaning and Importance of Fairy Tales.* New York: Alfred A. Knopf, 1976.
어린이 동화는 호기심을 불러일으키고 상상력을 자극해야 한다는 이론에 의한 귀중한 도움은 자기 정체성을 발견하고 내적 갈등을 처리하며 두려움과 문제에 직면하도록 돕는다.

Cameron, Julia. *The Artist's Way.* New York: G.P. Putnam's Sons, 1992.
저자는 실천적인 안내를 통해, 우리 모두에게 있는 '하나님 에너지'라고 언급되는 창조적인 에너지를 가져올 것을 추구한다.

Campbell, Joseph. With Bill Moyers. *The Power of Myth.* New York: Doubleday, 1988.
이 작품은 제목이 명확하게 강조하듯이 종교적인 신화의 힘에 대한 것이다. 영웅은 '우리에게 잠재되어 있다'고 많은 부분에서 말했다.

Coles, Robert. *The Spiritual Life of Children*. Boston: Houghton Mifflin Company, 1990.

풍부한 지혜는 다양한 종교적 배경을 가진 수백 명의 아이와 저자가 했던 인터뷰를 통해 수집되고 공유되었다. 이 작품을 통해 아이들이 자신을 표현할 수 있는 기회를 줄 때 종교적인 문제에 대한 깊은 생각을 알 수 있다.

Estes, Clarissa Pinkola, ed. *Tales of the Brothers Grimm*. New York: Quality Paperback Book Club, 1999.

그림 형제의 동화에서 저자는 영혼이 있는 삶, 본질적인 이상주의 그리고 보편적 생각에 대해 설명한다. 좋은 자원은 보편적인 생각과 원형에 관심을 가지는 것이다.

Fahs, Sophia L. *Jesus the Carpenter's Son*. Boston: Beacon Press, 1945.

저자는 상상력을 사용하여(간접적으로는 어린이 설교의 새로운 발표자를 격려한다.) 예수님의 삶을 둘러싸고 있는 '…라면 어떻게 될까'라는 빈칸을 채우고 설명한다.

Fahs, Sophia. L. *Today's Children and Yesterday's Heritage*. Boston: Beacon, 1952.

이 작품에서 저자는 어린이의 자기 가치, 생명의 신비를 느끼기 위한 더 큰 세계와의 관계, 상호 의존적인 모든 생명의 중요성을 강조한다.

Groome, Thomas H. *Christian Religious Education*. San Francisco: Harper Collins, 1980.

저자는 우리가 된다고 생각하는 것은 된다는 믿음, 인간의 자유와 창의성이 육성된다는 믿음으로 사는 것의 중요성을 말한다.

Hammer, Randy. *Everyone a Butterfly: 40 Sermons for Children*. Boston: Skinner House Books, 2004.

교회력으로 9월에 시작하여 6월에 끝나는 어린이를 위한 40가지 설교 뿐만 아니라 어린이 설교를 성공적으로 만들기 위한 준비를 설명하고 소개한다. 이 책과 동일한 일반 형식에 따라 각 항목 공유를 위해 제안된 개체를 포함하여 프레젠테이션 제안, 할 수 있는 추가 활동 등도 제안한다.

Handford, S.A., translator. *Aesop's Fables*. New York: Penguin, 1994.

간단한 도덕적 이야기는 예배에서 아이들에게 쉽게 적용하여 사용할 수 있다. 도입부에서 저자는 이야기와 우화의 중심에 있는 '상식과 민속 지혜'에 대해 설명한다.

Harris, Maria. *Fashion Me a People*. Louisville: Westminster John Knox Press, 1989.

저자는 '신의 신성한 회사에서' 혼자 시간을 보내는 것의 중요성에 대해 지적한다.

Jordan, Jerry Marshall. *Filling Up the Brown Bag* (a children's sermon how-to book). New York: Pilgrim Press, 1987.

저자는 귀중한 자원인 아이들이 사랑 받고 있다는 것과 원하는 것을 알게 하는 것, 하나님을 인식하도록 육성하는 것, 자기 가치의 감각과 긍정적인 자기 이미지를 심는 것, 자신을 스트레칭하고 잠재력을 최대한 발휘하도록 장려하는 것, 그리고 '아하, 이제 알아!'라고 함으로써 상상력을 촉발하는 것 등의 중요성을 강조한다.

Rogers, Fred. *Play Time*. Philadelphia: Running Press, 2001.

특히 유치원용으로 좋은 자원은 계획에 대한 후속 활동으로 일반 가정용 물품을 활용하는 것이다. 아이들이 상상력과 창의력을 사용하도록 격려한다.

Rogers, Fred. *You Are Special*. Philadelphia: Running Press, 2002.

모두가 특별하다는 진실을 강화하는 영원한 지혜가 담긴 작은 포켓북을 통해 많은 아이들에게 쉽게 설교할 수 있다.

Wagner, Betty Jane. *Dorothy Heathcote: Drama as a Learning Medium*. Revised ed. Portland, Me.: Calendar Islands Publishers, 1999.

드라마 속에서 아이들을 이끄는 자원으로 쓰였지만, 특히 초반에 어린이 설교로 이끄는 것도 역시 좋은 자원이다. 인간 경험의 발견, 깊은 통찰력에 도달하는 것, 아이들이 더 넓은 세상에 대한 비전을 잡도록 돕는 것, 그리고 인간 정신의 에너지를 이용하고 인간의 성취에 가치를 두는 것에 대한 중요성을 설명한다.

Silf, Margaret, ed. *Wisdom Stories from Around the World*. Cleveland: Pilgrim Press, 2003.

주로 어른의 관점에서 쓰였지만, 여기에 담긴 멋진 이야기의 대부분은 아이들에게도 적용할 수 있다.

가고 싶은 주일학교를 만드는
## 40가지 이야기

**초판 인쇄** 2014년 9월 20일
**초판 발행** 2014년 9월 25일

**지은이** 랜디 해머
**옮긴이** 이소희
**펴낸이** 박찬후
**편집** 박민정
**디자인** 김은정

**펴낸곳** 북허브
**등록일** 2008. 9. 1.

**주소** 서울시 구로구 구로2동 453-9
**전화** 02-3281-2778
**팩스** 02-3281-2768
**e-mail** book_herb@naver.com
**카페** http://cafe.naver.com/book_herb

* 잘못된 책은 구입하신 서점에서 바꾸어 드립니다.

값 10,000원
ISBN 978-89-94938-16-5(03320)